KB101368

왜
인조는
삼전도에서
무릎을 꿇었을까?

교과서 속 역사 이야기, 법정에 서다

35
역사공화국
한국사법정

강홍립 VS 인조

왜 인조는 삼전도에서 무릎을 꿇었을까?

글 정명섭·박지선 | 그림 배연오

(주)자음과모음

1637년 1월 30일 남한산성에서 나온 인조는 세자와 함께 삼전도에서 기다리고 있던 청나라 태종 앞에 항복합니다. 조선 초기부터 야인이라고 부르며 야만인 취급을 했던 여진족에게 무릎을 꿇은 것이죠. 불과 반세기 전만 해도 조선을 부모의 나라라고 섬기던 그 여진족에게 말입니다. 시작은 임진왜란으로 거슬러 올라갑니다. 명나라와 조선이 일본과 맞서 싸우느라 여념이 없는 사이 건주 여진의 누르하치는 서서히 힘을 기르며 다른 여진족들을 정복해 나갑니다. 1618년 누르하치는 후금이라는 나라를 세우고 명나라와의 전쟁을 시작합니다. 놀란 명나라는 누르하치를 토벌하기 위해 군대를 동원하면서 조선에도 군대를 보내 달라고 요청합니다. 당시 조선의 임금인 광해군은 명나라와 후금 사이에서 중립을 지키려고 노력했지만,

임진왜란 때 명나라가 우리를 도와줬던 은혜를 갚아야 한다는 명분에 밀려 어쩔 수 없이 강홍립을 지휘관으로 하는 군대를 보냅니다. 하지만 누르하치의 교묘한 전술에 휘말린 명(明)군은 크게 패하고 강홍립을 비롯한 조선군 역시 포로로 잡히고 맙니다.

그 와중에 광해군이 폐위당하고 인조가 즉위하면서 조선의 외교 정책도 급격히 변합니다. 광해군의 중립 정책을 폐지한 인조는 친명 배금 정책을 내세우며 후금과 대립하면서 가도에 주둔한 명나라 장수 모문룡을 지원합니다. 이에 격분한 후금은 명나라와 전쟁을 벌일 때 배후의 위협이 될 수 있는 조선을 공격하기로 합니다. 1627년 후금 황제 홍타이지의 명령을 받은 3만의 대군이 조선을 침략하는 정묘호란이 발생합니다. 의주성이 삽시간에 함락당하고 평양까지 무너지자 인조는 황급히 강화도로 떠납니다. 그러나 후금은 조선을 완전히 정복할 생각이 없었기 때문에 곧 정묘화약을 체결하고 군대를 철수시킵니다. 정묘호란 이후 조선은 명나라와의 관계는 계속 유지할 수 있었지만, 후금과 형제의 맹약을 맺고 세폐(歲幣)를 바쳐야만 했습니다.

하지만 조선은 한 번의 패전으로 야만인이라고 치부했던 여진족에게 진심으로 굴복하지는 않았습니다. 그래서 1636년 12월 청으로 이름을 바꾼 여진족이 또다시 조선에 쳐들어오고 맙니다. 이것이 바로 병자호란입니다. 이때 인조는 강화도로 피란을 떠날 여유조차 없어서 남한산성으로 들어가야 했습니다. 그런데 남한산성에서 들리는 바깥소식은 절망적이었습니다. 지방의 구원군이 청나라 군대와

왜 인조는 삼전도에서 무릎을 꿇었을까?

전투를 벌였지만 격파되고 말았고, 왕실 가족들이 피란을 간 강화도마저 청나라 군대에 함락되었다는 소식이 전해졌기 때문이지요. 그래서 결국 인조는 남한산성에서 저들에게 항복을 해야만 했습니다. 이 전쟁은 불과 한 달 남짓 만에 끝났지만, 조선에는 엄청난 충격을 줍니다. 인조 임금이 오랑캐라 여기던 청나라 태종에게 무릎을 꿇고 머리를 조아렸기 때문입니다.

두 차례의 호란을 겪으면서 조선은 무기력한 모습만을 보였습니다. 기병을 앞세운 청군의 전격적인 공격에 제대로 대응조차 하지 못했고, 강화도로 피란을 떠나는 것만을 대책으로 삼았습니다. 그나마 병자호란 때에는 강화도로 피란을 떠나지도 못하고 남한산성에 갇히고 말았습니다. 그렇다면 대체 왜 조선은 두 차례나 여진족의 침입을 받고 힘없이 패배한 것일까요? 그리고 그 두 번의 패배는 조선에 어떤 영향을 미쳤을까요? 마침 강홍립이 이 문제를 가지고 소송을 제기하려고 하는군요. 우리 다 함께 지켜볼까요?

정명섭·박지선

차례

중립적인 외교 정책을 펴던 광해군을 몰아내고 왕이 된 인조는 명을 가까이하고 후금을 멀리했다. 이 일로 화가 난 후금은 이괄의 난으로 조선이 혼란스러운 사이에 조선을 침략했다. 이것이 1627년의 정묘호란이다. 인조는 강화도로 피란하고 후금은 조선과 형제 관계를 맺고 물러났다. 하지만 더욱 세력을 키운 후금은 1636년에 다시 침략하고, 인조가 남한산성으로 옮겨 대항하지만 결국 삼전도에서 항복하게 되었다.

중학교　　**역사**

V. 조선의 성립과 발전
　4. 외세의 침략과 조선의 대응
　　(2) 청의 침략과 조선의 대응

VI. 조선 사회의 변동
　4. 문화의 새로운 변화
　　(1) 국학과 과학 기술에 고조되는 관심

조선이 본격적으로 서양의 문물을 접한 것은 중국에 와 있던 서양 선교사들을 통해서였다. 그리고 조선에 표류해 온 서양인들도 서양 문물을 전해주었다. 네덜란드 사람인 벨테브레이(박연)는 표류하여 제주도에 도착하였다. 그는 서양식 대포 제작법을 가르쳐 주고, 병자호란 때 전투에 참여하기도 했다.

병자호란에 조선이 항복하자 세자를 비롯한 많은 사람이 청에 인질로 잡혀갔다. 이후 조선은 해마다 청에 공물을 바쳐야 했다.

광해군을 몰아내고, 인조를 왕위에 올려 정권을 잡은 서인은 명의 은혜를 강조하며 후금을 배척하는 외교 정책을 펼쳤다. 이에 후금(청)은 두 차례 조선을 침공했다. 이것이 정묘호란과 병자호란이다.

고등학교	한국사	Ⅱ. 고려와 조선의 성립과 발전 　2. 유교 정치의 이상을 꽃피운 조선 　　(5) 동아시아 정세 변화로 왜란과 호란이 　　　　일어나다

병자호란 당시 조정에서는 국가의 안위를 도모하기 위해 화친해야 한다는 주장도 제기되었지만, 오랑캐에 굴복해서는 안 된다는 주장이 더욱 우세하였다. 이에 인조는 신하들과 남한산성으로 피신하여 항전했으나 결국 굴욕적인 항복과 함께 청과 군신 관계를 맺게 되었다.

1616년	누르하치, 칸 즉위
1618년	누르하치, '7대한(七大恨)' 선포
1619년	누르하치, 사르후 전투에서 명군 대파
1626년	누르하치 사망, 홍타이지가 후금의 칸으로 즉위
1627년	명나라, 의종 즉위
1636년	후금, 국호를 '청(淸)'으로 바꿈
1644년	이자성의 난으로 명나라 멸망, 청나라가 중국 지배 시작

1611년	광해군 즉위
1618년	광해군, 도원수 강홍립을 지휘관으로 하는 원병 파견
1619년	강홍립, 부차 전투 패배 후 후금에 항복

굳은 비바람이 성머리에 불고
습하고 역한 공기 백 척 누각에 가득한데.
창해의 파도 속에 날은 이미 어스름
푸른 산 근심 어린 기운이 맑은 가을을 둘러싸네.
돌아가고 싶어 왕손초를 신물 나게 보았고
나그네의 꿈에는 제자주(서울)가 자주 보이네.
고국의 존망은 소식조차 끊어지고
안개 자욱한 강 위에 외딴 배 누웠구나.

— 광해군이 제주도로 유배 가면서 쓴 시

1623년	인조반정으로 인조 즉위(~1649)
1624년	이괄의 난
1627년	정묘호란
1633년	명나라 장수 공유덕과 경중명, 후금에 투항
1636년	병자호란
1637년	인조, 삼전도에서 청 태종에게 항복
1649년	효종 즉위(~1659)

원고 **강홍립**(1560년~1627년)

패장이 무슨 할 말이 있겠습니까? 하지만 내가 이 승에서 섬기던 임금에게 소송을 제기한 것은 조선의 백성이 겪은 고통의 원인을 찾고 싶어서입니다. 정묘호란과 병자호란은 위정자들의 무능함 때문에 일어난 대참사입니다.

원고 측 변호사 **김딴지**

나는 왜 인조가 청 태종에게 무릎을 꿇고 항복할 수밖에 없었는지, 정말 피할 수 없는 전쟁이었는지 궁금했기 때문에 이번 재판에 뛰어들게 되었습니다. 최선을 다할 테니 지켜봐 주세요.

원고 측 증인 **홍타이지**

나 홍타이지는 청나라 황제로서 조선을 정벌했소. 만약 조선이 명나라와의 관계를 끊고 우리에게 좀 더 고분고분했더라면 전쟁은 없었을 것이오.

원고 측 증인 **광해군**

왕이라는 묘호조차 받지 못한 나는 인간으로서도, 세자로서도 그리고 왕으로서도 불행한 삶을 살아야만 했습니다. 어렵게 왕위에 올랐지만 신흥 강국인 후금과 명나라 사이에서 아슬아슬한 줄타기 외교를 해야만 했죠. 하지만 사대주의에 사로잡힌 어리석은 대신들 때문에 왕위에서 쫓겨나고 말았습니다.

원고 측 증인 **용골대**

허허, 조선 사람들은 정말 이해를 못 하겠어요. 다 기울어져 가는 명나라를 떠받든다고 하다가 두 번이나 전쟁을 겪었잖아요. 거기다 말로는 싸운다고 하고는 정작 싸울 준비는 아무것도 하지 않았죠. 덕분에 우린 손쉽게 이겼지만요.

피고 인조(1595년~1649년, 재위 기간 : 1623년~1649년)

어허, 말세로다 말세야. 아무리 저승이라고 해도 엄연히 법도와 예의가 있는데 폐주 광해군의 수족이 날 고소하고, 내 아들이 그 증인으로 나서다니 가슴이 찢어지는 것 같다. 내가 비록 오랑캐에게 패해서 치욕스럽게 무릎을 꿇었다고 해도 엄연히 임금이거늘 이런 모욕을 당하다니, 이게 모두 짐이 어리석은 탓이다.

피고 측 변호사 이대로

정묘호란과 병자호란을 모두 인조의 탓으로 돌려서는 안 됩니다. 청군의 침입 사실이 제때 보고되었거나, 장수들이 잘 싸우기만 했어도 삼전도의 치욕은 없었을 겁니다. 나는 이번 재판을 통해 인조의 억울함을 만천하에 알리겠습니다.

피고 측 증인 홍익한

난 명분에만 사로잡힌 고리타분한 선비가 아닙니다.
오랑캐가 아무리 강하다고 해도 오랑캐일 뿐입니다.
어제까지 우리를 섬기며 공물을 바치던 자들이 감히
황제를 칭하고 군신의 예를 취하라는 요구를 해 오는
데 어떻게 들어줄 수 있겠습니까?

피고 측 증인 최명길

벌써 4백 년 가까이 지난 일이군요. 다시 생각하기도
끔찍하지만 듣고 싶다면 말씀드리죠. 왜 전쟁이 벌어
졌는지 궁금하십니까? 당시 사대부들은 청나라 사신
의 목을 베자고 수차례나 상소를 올렸습니다. 거기에
동조한 대신들까지 무책임한 발언을 하면서 나처럼
현실을 직시한 사람들의 의견을 묵살했습니다. 조선
이 청나라에 패배한 이유는 현실을 제대로 보지 못한
사람들 때문입니다.

피고 측 증인 효종

비록 조선이 힘이 없어서 패배했다고는 하지만 마음
마저 굴복한 것은 아닙니다. 나 역시 소현 세자 형님
과 함께 심양으로 끌려가서 청나라가 명나라를 정복
하는 것을 지켜봤습니다. 하지만 우리에게는 지켜야
할 가치가 있습니다.

"인조를 승자의 마을로 보내자니?
그 무슨 얼토당토않은 얘기입니까?"

"아니, 이게 무슨 짓들입니까? 그만두지 못해요?"

선배 변호사의 재판을 지켜보고 사무실로 돌아가던 김딴지 변호사는 길거리에서 몰매를 맞고 있는 한 영혼을 보고는 소리를 질렀다. 그러나 김딴지 변호사의 만류에도 불구하고 상투를 틀어 올리고 갓을 쓴 영혼들은 좀처럼 매질을 멈추지 않았다. 몰매를 맞은 영혼도 상투에 두루마기 차림이었다.

"네 이놈! 아무리 저승이라고 해도 감히 임금님을 욕되게 하다니, 이런 고얀 놈!"

"여러분, 무슨 일인지는 모르지만 이렇게 집단으로 폭행하는 건 옳지 못합니다. 경찰에 신고하겠어요!"

김딴지 변호사가 온몸으로 막고 나서자 안 되겠다 싶었는지 저들은 결국 두 사람을 남겨 두고 가 버렸다. 김딴지 변호사는 혀를 쯧쯧 차며 쓰러져 있는 한 영혼을 일으켜 세웠다.

"보아하니 같은 시대를 산 영혼들 같은데, 웬 다툼이랍니까?"

"그러게 말입니다. 초면에 볼썽사나운 꼴을 보였군요. 죄송합니다."

"뭐, 저한테 사과할 것까지야, 원하신다면 저 사람들을 폭행죄로 고소하실 수 있습니다. 제가 증인이 되겠습니다."

"아닙니다. 이승의 인연 때문에 저승을 어지럽힐 수는 없는 노릇이죠."

"복잡한 절차 때문이라면 저한테 맡기세요. 제가 변호사니까요."

김딴지 변호사는 가슴을 치면서 자신만만하게 대답했다. 하지만 상대방 영혼은 아무 말 없이 물끄러미 바라보다가 인사를 하고는 제 갈 길을 갔다. 쑥스러워진 김딴지 변호사도 사무실로 발걸음을 돌렸다. 그러다가 몇 발자국 걷기도 전에 누군가에게 붙잡혔다.

"이봐요. 여기 서명 좀 하고 가요."

김딴지 변호사는 흰 옷차림을 한 영혼들의 손에 의해 다짜고짜 끌려갔다. 영혼들이 흔드는 현수막을 읽어 본 김딴지 변호사는 기겁했다.

"인조 임금을 승자의 마을로 보내자고? 청나라와의 전쟁에서 두 번이나 패한 사람을 왜 승자의 마을로 보낸다는 겁니까?"

"임금님이 무슨 죄가 있겠소? 다 신하들이 보필을 제대로 하지 못했기 때문이지."

늙은 선비 영혼이 서명을 하라며 붓을 쥐어 줬지만 김딴지 변호사는 단호하게 거절했다.

"전 서명 못 합니다."

"아니, 말로 해서는 안 되겠구먼."

갑자기 분위기가 험악해지려는 찰나, 어디선가 이를 제지하는 목소리가 들렸다.

"여기서 이러시면 안 됩니다!"

그러자 거짓말처럼 모든 영혼들이 움직임을 멈췄다. 눈앞에 나타난 사람은 이대로 변호사였다. 그는 선비 영혼들을 타이르고는 김딴지 변호사에게 사과했다.

"미안하네. 알아듣게 얘기했는데 워낙 고집들이 세서 말이야."

"그런데 자네는 도대체 여기서 뭘 하고 있나?"

"보면 모르겠나? 인조를 승자의 마을로 보내기 위해 서명 운동을 하고 있다네."

"아무리 그래도 인조를 승자의 마을로 보내자니 너무한 것 아니야? 두 차례의 호란은 인조 때문에 일어났다고 해도 틀린 말이 아닐세!"

"내 생각은 다르네. 정묘호란이나 병자호란은 조선이 어떻게 했든지 간에 벌어질 수밖에 없었던 전쟁이었네. 인조가 제대로 대응하지 못한 건 인정하지만, 모든 것을 인조의 탓으로 돌리는 건 옳지 않네."

"인조는 자신의 큰아들인 소현 세자와 며느리인 강빈을 죽였다는 의심도 받고 있잖아. 그런데 어떻게 승자의 마을로 보낼 수 있겠는가?"

"그것은 그냥 의심일 뿐이지. 명색이 역사공화국 변호사가 이승에서의 소문만 가지고 판단할 수는 없잖은가?"

왜 인조는 삼전도에서 무릎을 꿇었을까?

　"그냥 의심이 아닐세. 『조선왕조실록』을 보면, 인조가 며느리에게 누명을 씌워서 죽였다는 것이 확실하게 드러나네. 확실한 증거가 있는데도 그런 소릴 할 텐가?"

　"군주가 통치하려면 사사로운 인정을 저버려야 할 때가 있다네. 당사자도 마음이 편하진 않았을 거야. ……그나저나 아까 자네가 구해 준 그 영혼이 누군지 아나?"

　"글쎄……, 이름은 잘 모르겠네."

부차 전투

1619년 명나라에 침입한 후금에 대항하기 위하여 명나라, 조선, 여진족까지 참전한 전투입니다. 이 전투에서 명나라가 크게 패하고 후금은 만주 지역을 차지했습니다. 강홍립의 조선군은 후금에 투항했습니다.

"그가 바로 강홍립일세."

"강홍립이라면 부차 전투에서 패한 뒤 후금에 투항한 장수 아닌가?"

"맞아. 얼마 전부터 우리 일에 훼방을 놔서 골머리를 앓고 있다네. 차라리 소송을 걸어서 재판정에서 승부를 겨뤘으면 하는 심정이야."

"만약 재판에서 지게 되면 인조는 승자의 마을로 들어갈 가능성이 더 적어질 텐데, 그래도 괜찮은가?"

"내 실력이면 승소할 자신이 있다네. 하하."

이대로 변호사가 목에 힘을 주며 호기롭게 말하자 김딴지 변호사의 얼굴이 순간 일그러졌다. 사법연수원에서 내내 그에게 뒤처졌던 기억이 떠올랐기 때문이다. 김딴지 변호사는 발걸음을 멈추고 말을 꺼냈다.

"그럼 말일세, 내가 강홍립을 설득해 보겠네. 자네는 인조를 맡아서 재판을 벌여 보는 것은 어떨까?"

"아마 이번에는 힘들 거야. 그래도 하겠나?"

"길고 짧은 건 대봐야 알 수 있지!"

이대로 변호사와 악수를 나눈 뒤 김딴지 변호사는 호주머니에 두 손을 찔러 넣고는 사무실로 향했다. 김딴지 변호사는 호기 가득했던 이대로 변호사를 떠올리며 이번에는 반드시 이겨 보리라 다짐했다. 이런저런 생각에 싸여 무심히 걷던 그는 변호사 사무실 앞에서 걸음을 멈추었다. 사무실 앞에 아까 몰매를 맞았던 강홍립이 그를 기다

리기라도 한 듯 서 있었다.

"아니, 강홍립 장군님이시라고요? 아까는 몰라뵈었습니다."

김딴지 변호사는 반가움에 강홍립의 손을 덥석 잡았다.

"제 이름을 어떻게 아셨습니까?"

김딴지 변호사에게 손을 잡힌 채 강홍립이 어리둥절한 표정으로 물었다.

"다 아는 법이 있죠. 그런데 지금 절 찾아오신 것 아닌가요?"

"맞소, 재판을 대신해 줄 수 있습니까?"

"물론입니다. 재판정에서 당신이 하고 싶었던 얘기를 마음껏 할 수 있도록 도와드리겠습니다. 여기까지 오셨으니 사무실에 가서 얘기 나누시지요."

병자호란과 청나라

광해군은 왕위에 있을 당시 명나라와 후금 사이에서 아슬아슬하게 줄타기를 하는 중립 외교를 펼쳤습니다. 신중한 외교 정책으로 후금과도 친교를 맺을 수 있었지요. 하지만 인조반정으로 광해군이 왕위에서 물러나고, 후금이 점점 힘이 세어지면서 조선에는 큰 변화가 생깁니다. 강성해진 후금이 국호를 '청'으로 바꾸고 1636년 조선을 침략한 것입니다. 이것이 바로 '병자호란'이지요. 당시 조선을 침공하는 청나라의 군대를 지휘한 사람이 바로 청의 제2대 황제인 홍타이지입니다. 정묘호란 당시 맺은 형제의 관계를 군신의 관계로 바꾸자는 청의 요구를 조선이 거부하자 전쟁을 일으킨 것이지요.

전쟁이 나자 인조는 왕실 가족들부터 먼저 강화도로 피신시킨 후 뒤따라가려고 했습니다. 하지만 청나라 군대가 이미 길을 막고 있었기 때문에 남한산성으로 발길을 돌려야 했지요. 인조가 남한산성에 들어온 지 이틀 만에 산성은 청나라 군대에게 포위당하고 맙니다. 남한산성에서 인조는 각 도에 비밀 편지를 보내어서 병사를 불러 모았습니다. 하지만 병사들은 제대로 모이기도 전에 청나라 군사들에 의해 전멸하고 말았지요. 엎친 데 덮친 격으로 추운 겨울을 맞게 된 남한산성의 군사들은 굶주림까지 겪게 됩니다. 식량이 바닥났기 때문입니다. 추위에 배고픔에 조선 병사들의 사기는 점점 땅에 떨어지게 되지요.

힘든 상황이 계속되자 청나라가 요구하는 것을 들어주자는 신하들도 나오게 됩니다. 결국 두 달 가까이 버티던 인조는 1637년 1월 30일 항복을 결심하게 됩니다. 그리고 항전을 하고 있던 남한산성을 나와 청나라 태종, 즉 홍타이지가 머무르고 있는 삼전도(오늘날 서울 송파구에 있던 나루)로 향하지요. 조선 인조는 삼전도에서 청 태종 앞에 무릎을 꿇고 치욕스러운 항복을 하게 됩니다.

청의 황제인 홍타이지

원고 ㅣ 강홍립	대리인 ㅣ 김딴지 변호사
피고 ㅣ 인조	대리인 ㅣ 이대로 변호사

청구 내용

정묘호란과 병자호란은 조선에 큰 충격과 혼란을 가져온 전쟁이었습니다. 청군의 침입에 조선은 제대로 대응하지 못했고, 결국은 치욕스러운 항복을 하게 되었습니다. 그리고 아무것도 모르던 백성은 적들의 칼날에 목숨을 잃거나 포로로 잡혀가게 되었습니다. 임진왜란이 대응을 제대로 하지 못한 전쟁이었다면, 정묘호란과 병자호란은 지도층의 냉철한 판단만 있었더라면 피할 수 있는 전쟁이었습니다. 하지만 중립 외교 노선을 취하던 광해군을 쫓아내고 왕위에 오른 인조는 노골적인 친명 배금 정책을 취하면서 후금과 갈등을 빚었습니다. 그러면서 정작 후금의 침략을 막을 준비는 제대로 하지 않아서 연전연패(連戰連敗)를 거듭하고 말았죠.

광해군은 명나라의 압력 때문에 어쩔 수 없이 군대를 파병했으나 끝까지 중립을 지키려고 노력했습니다. 광해군이라고 사대부들이 어떤 의견을 가졌는지, 그리고 그들의 견해에 동조하면 국정 운영이 얼마나 편해지는지 몰랐겠습니까? 하지만 현실을 직시한 광해군은 군대를 보내 달라는 명나라의 요청을 거절했고, 또 마지못해 군대를 보내면서도 나에게 앞서 싸우지 말고 독자적으로 판단하되 무슨 일이 있어도 청군과 정면 대결을 하지 말라고 신신당부하셨습니다. 물론 당시에는 그 일로 광해군과 내가 모두 비난을 받았지만, 결국 후대의 역사는 광해군과 내 판단이 옳았다는 것을 증명했습니다. 하지만 일부에서는 두 차례의 전쟁이 모두 어차피 벌어졌을 전쟁이라고 주장하면서 피고의 잘못을 인정하고 있지 않습니다.

나는 이승에서 신하로서 피고를 섬겼습니다. 피고는 나를 죽이라는 주변의 의견을 물리치고 끝까지 보호해 줬습니다. 하지만 개인적인 인연만으로 눈을 감기에는 너무나 참혹한 일을 겪었고, 지금이라도 잘못을 따지지 않는다면 후손들이 똑같은 잘못을 반복하고 말 것입니다. 이에 눈물을 머금고 고소장을 제출합니다. 부디 나처럼 불행한 일을 겪는 영혼이 다시는 나오지 않도록 공정한 재판을 부탁하는 바입니다.

입증 자료

- 중학교 역사 교과서
- 고등학교 한국사 교과서
  그 외 자료 추후 제출하겠음.

위 청구인 강홍립

역사공화국 한국사법정 귀중

정묘, 병자호란은
왜 일어났을까?

1. 조선의 지나친 친명 정책 때문이다
2. 후금의 지나친 요구와 간섭 때문이다
3. 국제 정세를 제대로 파악하지 못한 탓이다

교과연계

역사
V. 조선의 성립과 발전
  4. 외세의 침략과 조선의 대응
    (2) 청의 침략과 조선의 대응

1

조선의 지난친
친명 정책 때문이다

　　판사가 의사봉을 두드리며 재판의 시작을 알리자 방청객들은 약
속이나 한 듯 입을 다물었다. 재판정을 가로지르는 가운데 통로를
사이에 두고 방청석은 이미 두 집단으로 나뉘어 있었다. 한쪽은 흰
옷에 갓을 쓰거나 상투를 튼 조선 출신의 영혼들이 자리 잡았고, 다
른 한쪽은 변발(辨髮)을 고수한 청나라 출신의 영혼들이 차지했다.
피고석에 앉은 인조는 곤룡포(袞龍袍) 차림이었고, 원고석에는 결연
한 의지가 엿보이는 강홍립이 앉아 있었다. 조용해진 법정 안을 흡
족한 표정으로 바라본 판사가 입을 열었다.

판사　　지금부터 강홍립 대 인조의 역사 재판을 시작하도록 하겠
습니다. 본 재판의 쟁점은 정묘호란과 병자호란이 일어나게 된 원인

은 무엇이며, 또 패전에 따른 책임을 누가 져야 하는가입니다. 현재 이 문제는 한국의 역사 교과서에도 중요하게 다뤄지고 있습니다. 오늘 재판에서는 시야를 좀 더 넓혀서 호란 발발의 원인으로 지목되고 있는 명나라 장수 모문룡(毛文龍) 문제, 조선의 항복 이후 국제 정세의 변화 그리고 마지막으로 조선이 어떻게 호란의 충격에서 벗어나려고 했는지 살펴보겠습니다. 양측 변호인은 이 점에 유의해서 재판에 임해 주세요.

우선 혼란을 피하기 위해서 몇 가지를 알려 드리겠습니다. 1616년 건국한 후금(後金)은 1636년 국호를 청(淸)으로 고쳤습니다. 따라서 1627년 발생한 정묘호란은 조선과 후금이라는 표현을 쓰고, 1636년에 일어난 병자호란은 조선과 청이라는 표현을 쓰도록 하겠습니다. 양측 다 유의해 주시기 바랍니다.

그럼 본격적으로 재판에 들어가기에 앞서 원고 측에서 소송을 제기한 이유에 대해 설명해 주세요.

김딴지 변호사   이번 소송에 임하는 제 의뢰인과 저의 입장은 명료합니다. 조선의 최고 통치자인 피고 인조가 친명 배금 정책을 펼치면서 정묘호란과 병자호란이 일어나도록 빌미를 제공했고, 또 전쟁 진행 과정 중 미흡한 대처로 피해를 키웠으니 자신의 잘못을 뉘우치고 피해자인 조선의 백성에게 사죄해야 합니다. 이상입니다.

판사   잘 들었습니다. 그럼 다음으로 피고 측의 입장을 간단히 들어 보도록 하겠습니다.

변발
몽골족을 비롯한 북방 유목 민족의 두발 풍습입니다. 만주족의 변발은 앞머리와 옆머리를 모두 깎고 뒷머리만 남겨 놓은 형태로 남은 머리카락은 길게 길러서 땋아 내린 형태입니다.

곤룡포
임금이 정사를 돌볼 때 입던 옷으로 주로 붉은색 비단으로 만들었습니다.

친명 배금
조선 인조 때 명나라를 중시하고 후금(청)을 멸시한 정책입니다.

이대로 변호사　원고 측의 소송 이유는 한마디로 말해서 억지입니다. 당시 후금과 후금을 계승한 청나라는 명나라와의 결전을 눈앞에 둔 상태에서 배후에 있는 조선을 어떤 식으로든 처리해야만 했습니다. 따라서 조선의 대응 여부와는 상관없이 벌어질 수밖에 없는 전쟁이었습니다. 따라서 전쟁과 관련된 모든 책임을 피고에게만 덮어씌우는 것은 또 다른 역사 왜곡입니다. 이상입니다.

판사　양측의 주장 잘 들었습니다. 그럼 본격적으로 재판을 시작하기 전에 후금과 청을 건국한 여진족(女眞族)에 대해서 간략하게 알아보는 것이 좋겠습니다.

김딴지 변호사　판사님, 제가 설명드려도 되겠습니까?

판사　좋습니다.

김딴지 변호사　여진족은 물길이나 말갈 등으로 불렸던 만주 일대에 흩어져 사는 퉁구스 계통의 원주민입니다. 11세기에 들어서 금나라를 세우는 등 세력을 떨치기도 했지만, 13세기 들어서 몽골에게 멸망한 이후에는 부족 단위로 흩어져 살아갑니다. 명나라는 관직과 물품 교역권을 주며 여진족을 통제했고, 조선 역시 물품을 공급하면서 이들에게 영향력을 행사했습니다. 참고로 조선에서는 이들을 '야인(野人)'이라고 불렀습니다.

판사　그렇게 흩어져 살던 여진족이 어떻게 조선과 명나라를 굴복시킬 정도로 성장한 것입니까?

김딴지 변호사　누르하치가 흩어져 살던 여진족을 하나로 통일했기 때문입니다. 누르하치는 1559년 건주 여진(建洲女眞)에 속한 작은 부족장의 아들로 태어났습니다. 1583년 할아버지와 아버지가 요동총병(遼東兵) 이성량(李成梁)과 함께 여진 족장 아타이가 일으킨 반란을 토벌하기 위해 나섰다가 사망하고 맙니다. 졸지에 아버지와 할아버지를 잃은 누르하치는 족장이 되어 차츰 세력을 넓혀 갔습니다. 1587년 퍼알라(佛阿拉) 지역에 성을 쌓고 그곳을 근거지로 삼는 한편 건주 여진의 5부인 돈고부(董鄂部), 후네에부(渾河部), 스쿠스호우부(蘇克素滸部), 제첸부(哲陳部), 완양부(完顔部)를 굴복시키죠. 하지만 동시에 명나라에게는 철저하게 복종하는 모습을 보여 줍니다. 1589년 명나라로부터 건주좌위(建州左衛) 도독첨사(都督僉事)라는 직책을 받고 건주위의 최고 권력자로 등극하죠. ▶1592년 벌어진 임진왜란은 그에게는 세력을 넓힐 절호의 기회였습니다. 그의 세력 확대를 우려한 다른 부의 여진족이 몽골까지 끌어들여서 공격을 시도합니다만, 누르하치의 기세를 누를 수 없었죠. 1599년 고유의 만주 문자를 만드는 등 임진왜란 기간 동안 세력을 넓혀 갔던 누르하치는 같은 해 여진의 하다부(哈達部)를 정복하고, 1603년에는 허투알라(赫圖阿拉) 성으로 근거지를 옮기면서 본격적으로 세력을 확장합니다. 임진왜란을 치르느라 힘이 빠진 조선과 명나라로서는 막강한 적이 생긴 것이죠.

판사　김딴지 변호사의 설명을 들으니까 쉽게 이해가 되는군요. 그럼 본격적으로 조선과 후금, 그리고 후금을 계승한 청이 왜 호란을 벌였는지에 대해 증언을 듣는 것이

교과서에는

▶ 임진왜란으로 조선과 명나라의 힘이 약해진 틈을 이용해 압록강 북쪽에 살던 건주위 여진의 추장이었던 누르하치가 부족을 통일하고 후금을 건국했습니다.

좋겠습니다. 원고 측 증인은 증인석으로 나와 주세요.

문이 열리고 원고 측 증인인 홍타이지가 법정 안으로 들어섰다. 용이 새겨진 황룡포(黃龍袍)를 입은 청 태종 홍타이지를 본 후금과 청나라 출신의 영혼들은 일제히 일어나 무릎을 꿇거나 고개를 숙였고, 조선 출신의 영혼들은 고개를 돌려 외면하거나 눈을 감아 버렸다. 당당한 걸음으로 증인석 앞에 선 홍타이지는 한 손을 올린 채 선서했다.

왜 인조는 삼전도에서 무릎을 꿇었을까?

홍타이지 선서! 나는 아버지 누르하치의 이름을 걸고 진실만을 말할 것을 맹세합니다.

김딴지 변호사 증인, 자기소개 부탁드립니다.

홍타이지 나는 1592년 조선에서 임진왜란이 발생한 해에 태어났소. 1626년 아버지 누르하치가 돌아가시고 칸의 자리에 올랐지요. 이후 조선과 몽골을 평정하고 국호를 청으로 고치는 등 나라를 발전시키는 데 온 힘을 기울이다가 1643년에 세상을 떠났소.

판사 말씀 잘 들었습니다. 증인은 앉아도 좋습니다. 원고 측 변호인, 신문을 시작해 주세요.

김딴지 변호사 나와 주셔서 감사합니다. 증인께서 즉위하신 1626년의 조선과 후금의 관계는 어땠습니까?

홍타이지 별로 안 좋았네. 3년 전인가 조선에서 일어난 쿠데타로 광해군이 물러나면서 조선은 우리를 배반하고 명나라에 기대기 시작했지.

홍타이지의 말이 끝나기가 무섭게 이대로 변호사가 자리를 박차고 일어났다.

이대로 변호사 이의 있습니다. 지금 증인은 쿠데타라는 부적절한 용어를 썼을 뿐만 아니라 조선이 후금을 배반했다는 지극히 편향적인 의식을 그대로 드러냈습니다.

판사 기각합니다. 증인의 답변에 대해서 불만이 있다면 반대 신문을 통해 반박하시기 바랍니다. 그리고 증인은 이곳이 모든 사람 앞에 평등한 법정이라는 사실을 잊지 말았으면 합니다. 존댓말을 써 주세요. 원고 측 변호인은 계속 진행해 주세요.

김딴지 변호사 　▶현재 대한민국의 역사 교과서에는 인조가 광해군의 중립 정책을 폐기하고 친명 배금 정책으로 돌아섰기 때문에 1627년에 정묘호란이 일어났다고 기록되어 있습니다. 당사자로서 전쟁을 결심하게 된 이유가 무엇이었는지 말씀해 주셨으면 합니다.

홍타이지 　당시 상황은 몇 줄의 글이나 몇 마디 말로 설명할 수 있을 만큼 간단하지 않지만, 뭐, 간략하게 얘기해 보겠소. 일단 1619년에 벌어진 사르후 전투에서 아버지 누르하치가 이끄는 후금군이 명군을 크게 격파하고 조선군을 포로로 잡았지요. 하지만 아버지는 이에 대해서 조선 측을 꾸짖거나 원망하지는 않았소. 명나라를 수백 년 동안 섬겨 왔던 나라였으니까요. 하지만 조선은 우리가 천하의 주인이 되어 간다는 사실을 받아들이지 못했소. 그나마 광해군이 있을 때에는 어느 정도 말이 통했는데 그다음 임금은 아예 귀를 막고 사는 것 같더군요. 세상 돌아가는 물정도 모르고 우리와 등을 돌리고 명나라와 손을 잡다니……. 스스로 화를 자초한 셈이지요. 명나라와의 일전을 눈앞에 둔 상황에서 배후에 있는 조선이 명나라와 가깝다면 당연히 정리해야 하지 않을까요?

김딴지 변호사 　그 얘긴 조선이 적대적으로 나오지 않았다면 공격하지 않았을 수도 있다는 얘기입니까?

교과서에는

▶ 인조반정을 주도한 서인 세력은 광해군의 중립 외교 정책을 비판하고 친명 배금 정책을 추진하면서 후금을 자극했습니다.

홍타이지　물론이오. 당시 우리의 요구 조건은 명나라 장수 모문룡을 제거할 것과 시장을 개설해서 교역할 것, 그리고 공식적인 관계를 맺어 달라는 것 정도였소.

김딴지 변호사　잠시만요! 모문룡이 도대체 누구기에 그를 제거하려고 한 것입니까?

홍타이지　모문룡 말이오? 그자는 우리에게 적지 않은 골칫거리였소. 모문룡은 1621년 3월에 소수의 군대를 이끌고 압록강변의 진강이라는 곳을 점령했지요. 요동을 모두 차지했다고 생각했던 우리로서는 자존심이 상하는 일이었소. 우리가 대군을 동원해 공격하자 모문룡은 조선으로 들어갔다가 1622년에 평안북도 철산 앞바다에 있는 가도에 동강진(東江鎭)을 구축하고 요동을 수복하겠다고 큰소리를 쳤지요. 그는 조선으로부터 원조를 받고 있었는데 세력 자체는 보잘것없었지만 수군이 없었던 우리로서는 섬에 틀어박힌 모문룡을 공격할 수 없었소. 그래서 우리는 명나라를 공격하기 전에 배후를 위협하며 모문룡을 지원하고 있는 조선을 공격할 필요가 있었지요.

김딴지 변호사　아, 그랬군요. 그런데 사실 모문룡은 조선으로서도 골칫거리였습니다. 그는 요동을 수복하겠다며 매년 많은 양의 식량과 물자를 조선에 요구했지만 실제로는 영토 수복보다 재물을 모으는 데 더 혈안이 되어 있었습니다. 그러다 결국 1629년 자신과 같은 명나라 장수인 원숭환에게 처형당하고 말았지요.

홍타이지　쯧쯧…….

가도
평안북도 철산군 철산읍에 속한 섬으로, 피도(皮島)라고도 불립니다.

교과서에는

▶ 후금은 광해군을 위해 보복하겠다며 조선에 쳐들어와 평안도 의주를 거쳐 황해도 평산에 이르렀습니다. 이를 정묘호란이라고 합니다. 청산 용골산성의 정봉수와 의주의 이립 등이 의병을 일으켜 관군과 함께 적을 맞아 싸웠습니다. 후금의 군대는 보급로가 끊어지자 먼저 강화를 제의해 왔습니다.

김딴지 변호사   ▶자, 그럼 다음으로 정묘호란의 진행 상황을 대략 살펴보겠습니다. 자료를 살펴보니, 후금군은 1627년 1월 16일 의주성을 공격하면서 별다른 저항 없이 남쪽으로 진격합니다. 하지만 1월 27일 황해도 중화에서 조선 측에 먼저 화의를 요청했더군요. 마음만 먹으면 한양까지 점령할 수 있었는데, 먼저 화의를 요청한 이유는 무엇이었습니까?

홍타이지   조선과 결판을 낼 생각이 없었으니까. 그리고 그게 우리 방식이었소. 말을 안 들으면 먼저 힘을 보여 주고, 그다음에 손을 잡는 거지요.

김딴지 변호사   이때 맺어진 정묘화약의 내용을 살펴보면, 후금 측의 요구 조건은 다음과 같군요. 명나라의 연호를 쓰지 말 것과 가도에 머물고 있는 모문룡에 대한 지원을 중단하고, 국경 지역에서 교역하자는 것 그리고 형제의 맹약을 맺는다는 정도군요. 당시 조선과 후금의 세력 차이를 생각하면 조선 측에 크게 불리한 조건은 아니군요.

홍타이지   거듭 말하지만 우린 조선을 완전히 굴복시키거나 파멸시킬 생각이 없었소.

김딴지 변호사   1636년에 일어난 병자호란은 정묘호란의 연장선상에서 벌어진 전쟁이라는 견해가 많습니다. 정묘호란 때 화친을 맺어놓고도 십 년 후에 다시 침략한 이유가 뭡니까?

홍타이지   변하지 않는 태도 때문이지요. 가도의 모문룡을 지원하는 것도 여전했고, 대놓고 명나라 편을 들었소. 정묘년 때 큰 호의를 베풀어서 화의했는데도 변함이 없었지요. 입만 열면 우리를 야만인이나 오랑캐라고 무시하면서 말이오.

김딴지 변호사   그러니까 조선은 정묘호란 이후에도 태도를 바꾸지 않아서 겪지 않아도 될 전쟁을 또 한 번 겪은 셈이군요.

김딴지 변호사의 말을 듣고 있던 이대로 변호사가 자리를 박차고 일어났다.

이대로 변호사　이의 있습니다. 지금 변호인은 지극히 주관적인 견해를 드러내며 피고를 모욕하고 있습니다.

판사　인정합니다. 원고 측 변호인은 주의하세요.

김딴지 변호사　조심하도록 하겠습니다. 그러면 병자호란에 관한 질문을 드리겠습니다. 증인은 정묘화약이 맺어진 이후에도 조선이 변하지 않았다고 하셨습니다. 하지만 단지 그것 때문에 전쟁을 일으키지는 않으셨겠죠?

홍타이지　물론 아니지요. 내가 조선을 두 번이나 공격한 이유는 명나라 장수 공유덕과 경중명이 우리에게 망명할 때, 그리고 신하들이 날 황제로 추대했을 때 조선이 보여 준 태도 때문이었소.

김딴지 변호사　좀 더 구체적으로 말씀해 주실 수 있겠습니까?

홍타이지　1631년이었나? 모문룡의 부하였던 공유덕과 경중명이 산둥 반도에서 반란을 일으켰소. 아마 모문룡의 죽음 이후 홀대받았던 것에 대한 분노가 폭발한 것 같았지요. 1년 정도 끈 반란은 두 사람이 부하들을 이끌고 황해로 탈출하면서 끝이 났지요. 1632년 부하들을 이끌고 황해로 나온 두 사람은 후금으로 망명하려고 했고, 명나라는 그것을 막으려고 했지요. 정확하게는 두 사람이 보유한 수군과 배, 그리고 홍이포(紅夷砲)가 우리 손에 넘어오는 걸 막으려고 했던 거였소.

김딴지 변호사　수군과 대포라면 명나라가 어떻게든 후금 손에 넘어가는 걸 막으려고 했겠군요?

홍타이지　그렇소. 우리가 배를 확보한다면 명나라로서도 버틸 힘이 없을 테니까 필사적으로 막으려고 했지요. 그런데 문제는 이때 보인 조선의 태도였소. 우리는 조선에 공유덕과 경중명의 망명을 도와달라고 요청했지만 조선에서는 이를 깨끗이 무시했고, 심지어 명나라 추격군에게 군량과 군대까지 보내서 도왔지요. 말로는 화의니 화평이니 해도 결국 결정적인 순간에 우리를 배신한 셈이었소.

인열 왕후
인조의 부인으로 1635년에 사망했습니다.

김딴지 변호사　그러니까 증인으로서는 조선을 어떻게든 처리해야만 하는 상황에 직면한 것이군요.

홍타이지　그렇소. 더 결정적인 사건은 1636년 4월 11일에 열린 황제 즉위식 날 발생했소. 청나라를 선포하는 역사적인 자리에서 조선 사절이 나에게 절을 하지 않겠다며 버텼소. 조선의 사절이 보인 이러한 태도는 분위기를 망치는 정도를 넘어서서 선전 포고나 다름없는 일이었지요. 하지만 난 사절들의 목을 베라는 주변의 권고를 물리쳤소. 대신 잘 타이르고 대세에 따르라고 했지요. 아, 그전 2월에 조선에 간 우리 사신들이 인열 왕후(仁烈王后)의 빈소를 조문하던 중 무장한 군사들을 보고 위협을 느껴 탈출한 적이 있었소. 사신들은 도망치다가 우연히 조선 임금이 평안 감사에게 보낸 서찰을 손에 넣었지요. 그 서찰에는 금나라와 싸울 계획이니 전쟁 준비를 하라는 내용이 적혀 있었소. 나는 더 이상 참을 수 없었지요.

김딴지 변호사　만약 조선이 증인의 요구에 응했다면 전쟁은 일어나지 않았을까요?

홍타이지　물론이오. 조선은 우리의 정복 대상이 아니었소. 내가

요구한 건 최소한의 믿음이었지요. 조선이 그걸 거부했기 때문에 전쟁이 벌어진 거지요.

김딴지 변호사　　증인의 증언을 들어 보니 전쟁의 원인이 어디에 있었는지 확실해졌습니다. ▶당시 조선은 후금과의 관계에 대한 대처방법을 놓고 두 가지로 의견이 나뉘었어요. 김상헌을 비롯한 대다수의 사대부들은 명나라와의 의리를 지키며 후금을 배척해야 한다고 주장했습니다. 반면 최명길 같은 관료들은 현실을 인정하고 후금과의 관계를 계속 유지해야 한다고 주장했습니다. 이때 전자를 척화파, 후자를 주화파라고 부릅니다. 당시 조선의 국력을 생각하면 당연히 주화파의 의견을 따라야 했지만 대다수의 대신들은 명분론에 휩싸여서 대책도 없이 강경책만을 주장했습니다. 인조와 조정 대신들이 냉철한 판단을 내리지 못하고 과거에 얽매여서 후금과의 관계를 악화시켰고, 이로 인해 전쟁이 일어난 것입니다. 판사님께서 허락하신다면 피고에게 몇 가지 질문을 드려도 될까요?

판사　피고, 동의하십니까? 원치 않으면 거절하셔도 됩니다.

　　잠시 고민하던 인조는 마지못해 고개를 끄덕거렸다.

김딴지 변호사　　사대부들은 척화론을 주장하고 후금과의 전쟁을 얘기할 수도 있을 겁니다. 하지만 통치자인 피고는 이성적으로 판단할 책임이 있었습니다.

교과서에는

▶ 후금은 세력을 확장하여 국호를 청이라 고치고, 심양을 수도로 했습니다. 군신 관계를 맺자는 청나라의 요구에 조선에서는 외교적인 교섭을 통해 문제를 해결하자는 주화론과 청의 요구에 굴복하지 말고 싸우자는 주전론이 대립했습니다.

이대로 변호사　　이의 있습니다, 판사님. 정책 자체를 문제로 삼는 것은 재판의 취지와 어긋납니다.

판사　　인정합니다. 원고 측 변호인은 신중하게 신문해 주시기 바랍니다.

김딴지 변호사　　주의하겠습니다. 그럼 본론으로 들어가겠습니다. 1633년 5월, 공유덕과 경중명이 후금으로 망명한 직후에 어떤 일이 일어났는지 기억하십니까?

인조　　물론이오.

김딴지 변호사　　기억하신다니 다행이군요. 당시 후금은 망명자들에게 제공할 식량을 요구했죠?

인조　　그렇소. 그들을 추격해 온 명군 측에서도 똑같이 식량을 요구해서 참 곤란했었지요.

김딴지 변호사　　선택의 기로였는데요. 결국 명나라 측에 식량을 공급하신 이유가 뭡니까?

인조　　어찌 나라를 등진 자들에게 식량을 원조해 줄 수 있단 말이요?

김딴지 변호사　　정말 그것밖에 없습니까? 혹시 쿠데타로 왕위에 오른 피고의 약점을 없애기 위해 명나라를 돕기로 결정하신 것은 아닙니까? 제가 조사한 바에 따르면, 피고는 이때 아버지와 어머니를 왕과 왕비로 추봉(追封)하려고 했던 오랜 소원을 하나 이루셨던데요?

인조　　그것과 반역자들에게 식량을 원조해 주지 않은 것과는 아무런 연관이 없소.

김딴지 변호사　　그렇습니까? 그럼 왜 양쪽 모두에게 식량을 공급하지 않았습니까?

　이에 인조는 대답을 하지 못했다. 김딴지 변호사는 의기양양한 표정으로 계속 말을 이어 갔다.

김딴지 변호사　피고가 냉철하게 판단하지 못했기 때문에 죄 없는 백성이 큰 피해를 입었습니다. 정묘호란과 병자호란은 국가를 통치하는 지도층의 잘못된 판단이 어떤 결과를 불러오는지 명백히 보여 주는 사례라고 할 수 있습니다. 이상입니다.

판사　수고하셨습니다. 피고 측 반대 신문 하시겠습니까?

이대로 변호사　물론입니다. 증인은 계속 전쟁이 일어난 원인을 조선 측으로 떠넘기고 있습니다. 만약 조선이 고분고분한 태도를 보였다면 침략을 안 했을까요?

홍타이지　물론이오.

이대로 변호사　증인은 인조가 즉위한 이후 조선의 친명 배금 정책이 전쟁의 원인이라고 하셨습니다만, 조선이 그 정책을 구체적으로 드러낸 적이 있습니까? 예를 들어서 압록강 너머로 군대를 보냈다든지요.

홍타이지　그런 건 없었지만, 가도에 주둔 중인 모문룡에게 군량과 물자를 공급했소.

이대로 변호사　네, 알겠습니다. 그리고 친명 배금 정책이 전쟁의 원인이라고 하셨는데, 원래 조선은 명나라와 2백 년 전부터 교류가 있었습니다. 원래 가깝게 지내던 나라와 현 상태를 유지하는 것을 가지고 전쟁을 결심했다고 하는 것은 앞뒤가 맞지 않습니다. 그렇지 않습니까?

이대로 변호사의 말에 홍타이지는 아무 대답도 하지 못했다. 분위기를 반전시킨 이대로 변호사가 다시 질문을 던졌다.

이대로 변호사　증인은 수군이 없어서 원래 목표였던 가도 공격에 실패하니까 모문룡을 지원하고 있는 조선을 공격한 것 아닙니까?

이대로 변호사의 말을 듣던 김딴지 변호사가 즉각 반박했다.

김딴지 변호사　이의 있습니다. 피고 측 변호인은 구체적인 증거도 없이 사실을 왜곡하고 있습니다.
이대로 변호사　증거요? 이럴 줄 알고 미리 증거 자료를 준비해 왔습니다. 판사님, 제가 읽어도 되겠습니까?
판사　좋습니다. 여기 계신 방청객 여러분께서 모두 들을 수 있도록 크게 읽어 주세요.
이대로 변호사　알겠습니다.

"조선은 누대에 걸쳐 우리나라에 죄를 지었으니 마땅히 토벌해야 한다. 하지만 이번 원정은 조선을 벌하려는 것만은 아니다. 명나라의 장수 모문룡이 섬에 의지한 채 조선의 도움을 받아 세력을 떨치고 있고, 우리의 반민들을 받아들이기 때문에 군사를 내서 정벌하려고 한다. 만약 조선을 취할 수 있으면 아울러 취하도록 하라."

—『청 태종 실록』천총 원년 1월 8일

여기서 볼 수 있는 것처럼 증인이 직접 명나라 장수 모문룡이 머무르고 있는 가도를 정벌하는 게 우선이라고 천명했습니다. 조선은 그다음 문제였죠. 실제로 후금의 침략 소식을 들은 피고 역시 의문을 제기했습니다. 판사님께서 허락만 하신다면 피고에게 직접 의문을 제기한 이유에 대해 듣고 싶습니다.

판사 허락하겠습니다.

이대로 변호사 후금의 침략에 대해서 첫 보고를 받으신 날짜가 1627년 1월 17일이라고 알고 있습니다. 그때 피고께서 한 말을 기억하십니까?

이대로 변호사의 말에 잠시 생각에 잠겼던 인조가 대답했다.

인조 "후금이 모문룡을 잡아가려고 온 것인가, 아니면 전적으로 조선을 침략하기 위하여 온 것인가?"라고 물었던 것으로 기억합니다.

이대로 변호사 말씀 감사합니다. 증인에게 몇 가지 질문을 더 드리겠습니다. 1626년, 증인이 칸으로 즉위할 때의 상황은 어땠나요?

홍타이지 1626년 1월 아버님(누르하치)께서는 20만 대군을 이끌고

<!-- no navigation -->

패륵

후금과 청나라 때의 황족과 귀족
들에게 주어진 작위입니다. 친왕,
군왕, 패륵, 패자, 진국공, 보국공
의 순서로 되어 있습니다.

영원성을 공격했다가 명군이 쏜 홍이포 파편에 맞고 그해
8월에 눈을 감으셨소. 그리고 내가 그 뒤를 잇게 되었소.

이대로 변호사　　　그 과정에서 갈등이 좀 심했죠?

홍타이지　　　전혀 없었다고는 할 수 없지요.

이대로 변호사　　　그렇습니다. 증인은 누르하치의 여덟 번
째 아들이었고, 패륵(貝勒)들의 추대를 받긴 했지만 어쨌든 자신의
실력을 보여 줘야만 그 자리를 계속 유지할 수 있는 상황이었습니
다. 하지만 명나라와의 전면전은 너무 부담이 컸고, 결국 만만한 가
도를 공격해서 권위를 세우려고 했지만 실패하자 조선을 손봐서 권

위를 세울 생각으로 전쟁을 일으킨 게 아닙니까?

김딴지 변호사   이의 있습니다. 피고 측 변호인은 증인을 매도하고 있습니다.

판사   기각합니다. 증인은 변호인의 질문에 답변하세요.

홍타이지가 천천히 말문을 열었다.

홍타이지   물론 그것도 전쟁의 원인 중 하나라고 할 수 있소.

이대로 변호사   그리고 한 가지 더, 당시 후금의 도읍이었던 심양은 갑자기 인구가 늘어나서 식량을 비롯한 물자가 많이 부족했다고 들었습니다. 사실입니까?

홍타이지   그렇소. 식량을 확보하려고 노력했지만 쉽지 않았지요. 왜냐하면 당장 명나라와의 전쟁으로 인해 교류가 끊겨 심한 물자 부족에 허덕이던 중이었고, 조선도 쉽게 물자를 내놓지 않았기 때문이었소.

이대로 변호사   그렇습니다. 증인의 말을 정리해 보면, 후금이 정묘호란을 일으킨 또 하나의 이유가 이런 물자난 해소임을 알 수 있습니다. 교역을 통해서 얻기 어려우니까 빼앗으려고 말이죠. 실제로 정묘화약 이후 후금은 조선에 시장의 개설과 물자의 공급을 집요할 정도로 요구했습니다. 아닙니까?

홍타이지   그런 일이 있었소.

이대로 변호사   여러분, 정묘호란의 발발 원인으로 친명 배금 정책이나 가도에 주둔한 모문룡을 후원하는 문제가 거론됐습니다. 하지만 지금 증인이 얘기한 대로 후금의 내부 문제, 즉 권력의 계승 과정에서 벌어진 다툼이라든지, 물자 부족의 문제 역시 중요한 원인이라는 사실이 밝혀졌습니다. 따라서 정묘호란의 원인이 전적으로 피고에게만 있다고 주장하는 것은 타당치 않습니다. 병자호란의 발발 원인에 대해서는 제가 신청한 증인을 통해서 얘기를 듣도록 하겠습니다. 이상으로 증인 신문을 마치도록 하겠습니다.

이대로 변호사의 발언이 끝나자 방청석에 앉아 있던 조선 출신 영혼들이 일제히 환호성을 질렀다. 판사가 의사봉을 두드려 간신히 진정시키고 김딴지 변호사에게 더 이상 질문이 없는지 물었다. 김 변호사는 없다고 간략하게 대답했다.

판사   증인, 수고하셨습니다. 이제 돌아가셔도 좋습니다. 다음은 피고 측 증인의 증언을 듣도록 하겠습니다. 피고 측 증인은 나와서 선서해 주시기 바랍니다.

왜 인조는 삼전도에서 무릎을 꿇었을까?

홍이포

특이한 이름의 이 대포는 명나라에서 네덜란드의 것을 모방해서 만든 대포입니다. 당시 명나라에서는 네덜란드를 '붉은 털을 가진 오랑캐'라는 뜻의 '홍모이(紅毛夷)'라고 불렀기 때문에 이들의 화포에도 홍이포라는 이름을 붙인 것입니다.

홍이포는 명나라가 보유하고 있던 화포보다 성능이 좋았기 때문에 곧 대량으로 제작되었습니다. 서기 1626년 영원성을 지키던 명군은 물밀듯이 밀려오는 후금군을 홍이포로 무찔렀습니다. 이 전투를 지휘하던 후금군의 누르하치도 홍이포에 의해 입은 부상으로 같은 해 9월에 사망했습니다. 이후 후금 역시 홍이포 확보에 나섰고, 1633년 산동반도에서 반란을 일으켰던 공유덕과 경중명 등이 투항해오면서 마침내 손에 넣을 수 있었습니다.

후금은 이렇게 손에 넣은 홍이포를 조선과의 전쟁에 사용했습니다. 1637년 1월 22일자 『조선왕조실록』에는 강화도 갑곶진에 상륙한 청군이 홍이포를 발사하자 조선군이 겁에 질려서 맞서 싸우지 못했다는 기록이 보입니다. 홍이포의 위력을 절감한 조선은 명나라에서 홍이포를 수입하는 한편 제주도에 표류한 네덜란드인 벨테브레(J.J. Weltevree, 박연) 등에게 이 포의 사용법과 제작법을 습득했습니다.

2

후금의 지나친 요구와
간섭 때문이다

다음으로 법정에 모습을 드러낸 사람은 전형적인 조선 선비였다. 차분한 걸음으로 법정에 들어온 그는 증인석 앞에서 선서했다.

홍익한   선서! 나, 홍익한은 이 자리에서 오직 진실만을 말할 것을 맹세합니다.

이대로 변호사   이렇게 나와 주셔서 감사합니다. 증인, 자기소개 부탁드립니다.

홍익한   안녕하십니까. 나는 홍익한입니다. 어릴 때 이름은 홍습이라 하고, 1624년 임금께서 공주에 내려오셔서 친히 보신 과거에 합격해서 관료의 길을 걷기 시작했습니다. 사간원 정언을 거쳐서 1635년에 사헌부 장령에 임명되었죠. 오랑캐와의 화의를 끝까지 반대하다가 병자호란 이후 척화신(斥和臣)으로 지목되어서 심양으로 끌려가 결국 죽임을 당했습니다.

이대로 변호사   증인은 그때 함께 죽음을 맞은 윤집, 오달제와 함께 삼학사(三學士)라고 불리시죠?

홍익한   네, 그렇습니다. 선비의 도리를 다했을 뿐이지요.

이대로 변호사   하지만 오늘은 좀 각오를 하셔야 할 것 같습니다. 끝까지 절개를 지킨 것은 높이 평가받고 있지만, 현실을 파악하지 못했다는 비난 역시 받고 계시니까요. 오늘 제가 묻고 싶은 건 이겁니다. 왜 청나라와의 강화를 반대하셨습니까?

홍익한   그들은 야만인이기 때문입니다.

홍익한이 기다렸다는 듯 대답하자 방청석에 앉아 있던 청나라 출신의 영혼들이 일제히 비난의 목소리를 높였다. 잠시 후 판사의 제지로 법정 안이 잠잠해지자 이대로 변호사가 다시 물었다.

이대로 변호사   구체적으로 얘기해 주실 수 있으시겠습니까?

홍익한   요즘 이승에서는 당시 나처럼 척화론을 주장한 사람들을 현실을 망각한 이상주의자나 고리타분한 명분론에 얽매인 사람쯤으로 취급하더군요.

이대로 변호사   사실이 아니란 말씀이신가요?

홍익한   물론 전혀 아니라고는 말 못하죠. 하지만 당시 청나라가 명나라를 이길 것이라고 생각했던 사람이 몇 명이나 되겠습니까?

삼학사

병자호란 때 청나라와의 화의를 반대하고 결사 항전을 주장하다가 인조가 항복한 뒤 중국 심양으로 끌려가 참형당한 홍익한·윤집·오달제 등 세 명의 학사(學士)를 가리킵니다.

당장 명나라와 청나라의 인구와 영토만 비교해 봐도 답이 나오지 않습니까?

이대로 변호사　하지만 조선의 예상과는 달리 청나라가 1644년에 명나라를 멸망시켰지요?

홍익한　정확하게 말하자면 청나라가 명나라를 멸망시킨 것이 아닙니다.

이대로 변호사　아니라고요?

홍익한　네. 명나라는 청나라가 아니라 정치적 부패와 군사비 증가에 따른 가혹한 수탈을 참다못한 명나라 농민들에 의해 멸망한 것입니다. 이자성을 비롯한 농민 반란군은 1644년 3월 베이징을 공격하기 시작했습니다. 당시 명나라의 주력 부대는 요동 지역에서 새로 일어난 청나라의 침략에 대비해 산해관(山海關)에 있었기 때문에 베이징 공격은 매우 빠른 속도로 진행되었지요. 이자성의 난 때에 명나라의 관리들은 대항할 생각도 하지 못하고 반란군에 투항해 버립니다. 그리고 결국 1644년 4월 25일 자금성이 함락되자, 황제는 처첩(妻妾)과 딸을 죽이고 자신도 목숨을 끊었습니다. 그러니 명나라는 청나라가 아니라 명나라 반란군에 의해 멸망한 것입니다. 청나라는 반란군 덕에 산해관을 넘어서 북경을 차지하고 손쉽게 중원을 손에 넣을 수 있었던 것이지요.

이대로 변호사　그렇군요. 당시 사회 지도층이라고 할 수 있는 사대부들이 감정과 명분론에만 휩쓸려서 제대로 대응하지 못했다는 비난을 받고 있습니다만……

홍익한　　나를 비롯한 사대부들이 척화론을 주장했기 때문에 전쟁이 벌어졌다는 것은 명백한 오해입니다. 우리는 저들을 공격하자고 주장한 적이 단 한 번도 없습니다. 후금의 사신들이 오거나 그들이 무리한 요구를 했을 때 죽을 각오를 하고 싸우자고 했고, 음흉한 자들이니 믿지 말라고 한 것이 무슨 잘못입니까? 저들은 처음에는 형제 관계를 맺자고 하다가 나중에는 군신 관계를 요구했습니다. 우리에게 받은 세폐의 양이 적다고 억지를 부린 적이 한두 번이 아니었고, 말을 안 들으면 쳐들어와서 쑥대밭을 만들겠다고 부지기수로 협박했습니다. 그런 저들의 행패에 대해서는 눈을 감고, 우리가 저들을 배척하자고 목소리를 높인 것만 마치 전쟁의 원인인 양 얘기하는 것은 옳지 않다고 생각합니다.

이대로 변호사　　하긴 후금이 침략한 것은 자신의 필요에 의한 것이지 조선이 어떤 반응을 보여서가 아니었죠.

홍익한　　사실 주화론이라고 부르는 쪽 역시 사대부들입니다. 최명길이나 이귀 같은 대신들이 화의를 주장했던 것은 현실을 직시하자는 것이지 후금에 맹목적으로 복종하자는 의미는 아니었습니다. 나를 비롯해 척화를 주장한 사대부들은 오늘 하나를 양보하면 내일 두 개를 요구하는 저들에게 계속 끌려다닐 수 없다고 생각했습니다. 내가 저들을 오랑캐라고 부른 것은 저들이 자신의 힘이 강하다는 것만 믿고 무리한 요구들을 일삼았기 때문입니다. 그러니 아무리 황제를 칭하고 제국을 세운다고 한들 어찌 진심으로 존중할 수 있었겠습니까?

정묘호란 후

병자호란 후

홍익한의 열변에 방청석에 앉아 있던 후금 출신의 영혼들은 부끄러운지 고개를 떨구는 이들이 많았다.

이대로 변호사　저들이 어떤 식으로 무리한 요구를 했습니까?

홍익한　병자호란 직전 저들은 자신들의 힘이 강해졌다는 이유로 애초 약속했던 것보다 더 많은 세폐를 요구했고 거절하면 차마 입에 담지 못할 행패를 부렸습니다.

이대로 변호사　구체적인 사례가 있습니까?

홍익한　1636년으로 기억합니다. 밖에서 듣자 하니 아까 증인으로 나온 홍타이지가 인열 왕후를 조문하러 간 사절들을 우리가 핍박했다고 하더군요. 하지만 이는 전혀 사실이 아닙니다. 사절단이 타국을 방문할 때에는 사전에 통보하는 것이 관례였습니다. 그러나 당시 청나라의 사절단은 우리에게 그 어떠한 통보도 해 오지 않았습니다. 게다가 자신들만 온 게 아니라 몽골의 추장 77명을 함께 데리고 왔더군요. 별안간 들이닥쳐서는 대접하라고 억지까지 부리니 이는 우리를 능멸한 것이 아니고 무엇이겠습니까? 그런 무리한 요구를 들이미는 자들에게 무슨 화의를 얘기하고 화친을 논하겠습니까?

이대로 변호사　하지만 당시 조선과 후금의 힘의 차이를 생각하면 들어줘야 하지 않을까요?

홍익한　나도 그때를 떠올리면 답답합니다. 하지만 아까 말씀드렸듯이 저들은 우리가 힘이 약하다고 무리한 요구들을 계속하는 상황이었습니다. 이번 요구를 들어주면 만족하고 물러나는 것이 아니라

을사늑약
1905년에 일본이 한국의 외교권을 빼앗기 위해 강제적으로 맺은 조약입니다. 고종 황제가 재가하지 않았기 때문에 무효의 조약입니다.

국권
국가가 행사하는 권력으로 주권과 통치권을 뜻합니다.

더 심한 요구를 해 왔습니다. 그런 식으로 요구를 계속 들어주다가 아예 나라를 들어서 바치라고 하면 그때도 "아, 우리가 힘이 없으니까 안 들어줄 수가 없군"이라고 할 수는 없잖습니까? 듣자 하니 1905년에 일본이 을사늑약을 맺어서 조선의 외교권을 빼앗고, 1910년에 한일 병합 조약을 맺어 국권을 빼앗아 갔다고 들었습니다. 우리도 그렇게 당하지 말라는 법이 있겠습니까?

이대로 변호사   그러니까 저들의 요구를 들어준다고 해도 어차피 무리한 요구들을 계속할 게 뻔하니까 다른 해결책이 필요했다는 말씀이시군요?

홍익한   맞습니다. 그래서 나는 1636년 2월 21일에 임금께 상소문을 올리고, 같은 날 홍문관에서도 상소를 올렸습니다. 그중 한 구절을 얘기해도 되겠습니까?

판사가 허락한다는 뜻으로 고개를 끄덕거리자 홍익한은 목청을 가다듬고 입을 열었다.

"정묘년의 난리 이후 백성의 고혈을 다 짜내어 사신에게 예물을 바치면서 비굴한 말로 애걸한 것이 10년이나 되었습니다. 저들이 이미 위호를 바꾸며 건방지게 행동하니, 반드시 우리나라를 이웃 나라로 생각하지 않고 속국으로 여길 것입니다. 그러니 저들의 입에서 빼앗겠다는 등의 말이 나오는 것입니다."

상소문 구절을 읊조리던 홍익한이 떨리는 목소리로 말을 이었다.

홍익한　　이것이 당시 조선이 처한 현실이었습니다. 우리가 명분론을 찾았기 때문에 전쟁이 벌어진 게 아닙니다. 후금의 탐욕과 욕심이 전쟁으로 이어진 것이죠. 우리가 힘이 부족했기 때문에 패배했다는 것은 인정합니다. 하지만 그 책임을 우리한테 떠넘기는 것은 너무나 가혹합니다.

이대로 변호사　　말씀 잘 들었습니다. 존경하는 판사님 그리고 방청객 여러분, 증인의 애통한 심정이 느껴지십니까? 사실 정묘호란과 병자호란은 모두 후금의 일방적인 침략으로부터 시작된 전쟁입니다. 그런데 후대 사람들은 마치 조선에만 그 책임이 있는 것처럼 얘기하고 있습니다. 어찌 이런 일이 있을 수 있단 말입니까? 그리고 애초에 후금이 조선을 공격할 의도가 있었다는 중요한 증거 자료를 제출하겠습니다.

판사　　좋습니다.

이대로 변호사가 의기양양한 표정으로 판사에게 증거 자료를 건넸다. 이를 건네받은 판사는 천천히 자료를 살펴본 후 말문을 열었다.

판사　　음, 이건 1636년 4월 11일 후금이 국호를 청으로 바꾸고 홍타이지가 황제로 즉위할 때 읽었던 글이군요. 이것을 읽어 보세요.

판사는 자료를 서기에게 주며 말했다. 서기가 자리에서 일어섰다.

서기   밑줄 친 부분만 읽겠습니다.

"내가 왕위에 오른 지 10년이 지나는 동안 하늘의 도움을 받아 조선을 정복하고 몽골을 통일해서 옥새를 얻었다."

이대로 변호사   아까 증인으로 나온 홍타이지는 즉위식에서 조선 사절이 무례한 행동을 했기 때문에 전쟁이 일어났다고 주장했습니다. 하지만 그 일이 일어나기 불과 몇 달 전에 조선을 정벌했다고 이렇게 운운하는 것은 이미 조선을 공격하기로 마음먹은 것이나 다름없습니다. 따라서 조선 측의 미흡한 대응 때문에 전쟁이 일어났다는 것은 거짓입니다. 이상입니다.

판사　수고하셨습니다. 원고 측은 반대 신문을 하시겠습니까?

　김딴지 변호사는 판사의 말이 끝나자마자 자리에서 일어나려고 했다. 그러나 옆에 앉은 강홍립이 김 변호사의 팔을 잡고 단호하게 고개를 저었다. 이에 체념한 김딴지 변호사가 자리에서 일어났다.

김딴지 변호사　제 의뢰인인 원고가 원하지 않기 때문에 반대 신문은 하지 않겠습니다.

판사　알겠습니다. 증인은 돌아가셔도 좋습니다. 다음은 원고 측 증인을 불러 보도록 하죠.

3 국제 정세를 제대로
파악하지 못한 탓이다

　　법정의 문이 열리고 증인이 모습을 드러내자 조선 출신의 영혼들이 술렁거렸다. 광해군이 증인으로 법정에 나섰기 때문이다. 광해군은 당당하게 증인석으로 걸어 나와 선서를 한 뒤 자기소개를 했다.

광해군　　나는 선조의 둘째 아들이자 조선의 제15대 왕입니다. 1608년 왕위에 올랐으나 1623년에 인조반정으로 쫓겨난 후 강화도에 유배되었다가 1641년에 세상을 떠났습니다. 왕위에 있는 동안에는 나날이 강성해지는 후금과 조선 간에 전쟁이 일어나지 않도록 애를 썼습니다.

김딴지 변호사　　그렇군요. 이렇게 증인으로 나오기 쉽지 않으셨을 텐데, 어려운 걸음 해 주셔서 감사합니다.

광해군　일을 제대로 마무리하지 못한 내 업보라고 생각합니다.

김딴지 변호사　그럼 본격적인 질문을 하겠습니다. 증인이 왕위에 있을 때는 여진족의 족장이었던 누르하치가 만주에 흩어져 살고 있던 여진 부족들을 통일하고, 후금을 세운 시점이었지요? 당시 후금의 기세가 대단했다고 하던데, 맞습니까?

광해군　그렇습니다. 여진족은 1616년에 후금을 건국하고 명나라를 공격해서 요동 지역을 죄다 차지했었죠.

김딴지 변호사　증인은 후금의 공격을 받은 명나라의 요청으로 군대를 파병했던 적도 있었던 것으로 압니다만······.

광해군　1619년으로 기억합니다. 그 전부터 명나라 측의 요청이 빗발쳤고, 신하들까지 도와야 한다고 난리를 치는 바람에 결국 군대를 보내고 말았죠.

김딴지 변호사　신하들이 명나라를 도와주어야 한다고 증인에게 요청한 이유는 무엇입니까? 사실 따지고 보면 다른 나라의 일이 아닙니까?

광해군　당시 신하들의 논리는 이것이었소. 조선은 명나라를 대국으로 섬겨 왔기 때문에 예의상 이들의 요청을 거절하기 어렵다는 것. 그리고 임진왜란 당시 왜놈들의 공격으로 위기에 처해 있었을 때 명나라가 군대를 보내 우리를 도와주었으니 우리도 명나라를 도와야 한다는 것이었소. 한마디로 명나라가 아니었으면 우리 조선이 멸망했을 것이라는 논리였소. 이를 '재조지은(再造之恩)'이라고 부르지요.

재조지은
거의 멸망하게 된 것을 구원하여 도와준 은혜를 뜻합니다.

얼레빗과 참빗
얼레빗은 약간 간격이 있지만
참빗은 촘촘한 것에 빗대서 명
군이 왜군보다 더 약탈을 심하
게 했다는 것을 비유하는 얘기
입니다.

김딴지 변호사　　아, 그런 논리였군요. 당시 증인의 측근이라고 할 수 있는 이이첨까지도 명나라를 도와야 한다고 주장했는데요. 증인은 끝까지 핑계를 대면서 군대를 보내려고 하지 않았는데, 그 이유가 뭐죠?

광해군　　일단 명군이 후금의 본거지까지 쳐들어가서는 이길 확률이 없다고 봤기 때문이죠. 명나라는 한참 강성했을 때에도 요동 지역의 여진족을 어찌하지 못했습니다. 그런데 저들이 후금까지 세운 상황에서 그 본거지로 들어간다는 것은 호랑이 굴에 제 발로 들어가는 것이었죠. 그러니 한 나라의 임금인 내가 어찌 군대를 그곳에 보낼 수 있었겠습니까! 게다가 임진왜란 때 조선에 들어온 명군을 보니 군기가 제대로 잡혀 있지 않았습니다. 명군은 조선을 돕겠다고 하면서도 왜적과 싸우기는커녕 조선 백성을 약탈하는 데 더 열을 올렸습니다. 오죽했으면 "왜군은 얼레빗이고, 명군은 참빗이다"라는 백성의 탄식이 나왔겠습니까?

김딴지 변호사　　그러니까 냉철하게 현실을 파악한 결과 군대를 안 보내기로 결정한 것이군요?

광해군　　그렇소. 모름지기 군주란 얼음처럼 냉정해야 합니다. 신하들 의견대로 명나라를 도와주기로 했으면 나도 편했겠죠. 하지만 이로 인해 고통받을 백성을 생각하면 차마 그럴 수 없었어요.

김딴지 변호사　　그럼 증인은 끝내 군대를 보내지 않았습니까?

광해군　　난 정말 군대를 보내지 않으려 했었지요. 하지만 명나라와 대신들의 압력에 떠밀려 군대를 보내야만 했습니다.

김딴지 변호사 　　그렇다면 군대를 보내기 전에 어떤 대책
이라도 있었나요?

광해군 　　▶그렇소. 1618년 7월에 어쩔 수 없이 군대 파병
을 결정하고, 다음 해 2월에 강홍립을 지휘관으로 하는 지
원군을 보냈습니다. 하지만 강홍립 장군에게 반드시 군대
를 분산시켜서 명군에 따로 소속시키지 말고 인명 피해를
최소화하라고 명령했습니다.

김딴지 변호사 　　그 명령 때문에 후금과 싸우지 말고 항복

교과서에는

▶ 광해군은 강홍립을 도원
수로 삼아 1만 3천 명의 군
대를 이끌고 명나라를 지원
하게 했습니다. 그러나 적극
적으로 나서지 말고 상황에
따라 대처하라고 명령했습
니다. 결국 조·명 연합군은
후금군에 패했고, 강홍립 등
은 후금에 항복했습니다.

하라고 지시했다는 얘기까지 전해지고 있는데요, 사실인가요?

　광해군은 원고 강홍립을 힐끔 보고 나서 대답했다.

광해군　그 문제에 대해서는 대답을 하지 않는 게 좋을 것 같습니다. 어쨌든 강홍립 장군은 부하들을 살리려고 최선을 다했습니다.

김딴지 변호사　하지만 이런 증인의 노력에도 불구하고 결국 조선은 두 번이나 호란을 겪게 되었지요?

광해군　정말 가슴 아픈 일입니다. 저승에서 죄 없는 백성이 고통받는 모습을 보며 얼마나 울었는지 모릅니다. 나를 미워하는 것은 그렇다 치더라도 감정에 치우쳐 큰 실수를 저지른 것은 용서할 수 없습니다.

김딴지 변호사　그 심정 이해가 갑니다. 아까 피고 측은 후금의 침략은 조선의 대응 여부와 상관없이 이미 결정되었으니 아무 잘못이 없다는 주장을 했습니다. 이에 대해서는 어떻게 생각하십니까?

광해군　내가 왕이었을 때에는 후금과의 큰 충돌은 없었습니다. 진정성을 가지고 상대방을 설득시켰다면 전쟁은 피할 수도 있었습니다.

김딴지 변호사　하지만 전쟁이 끝나고 조선에서는 제 의뢰인과 함께 이괄의 난을 일으켰다가 후금으로 도망간 잔당들이 조선에 복수하기 위해 저들을 충동질하여 전쟁을 일으켰다는 식으로 책임을 떠넘겼죠?

광해군   웃기는 일이죠. 포로가 무슨 힘이 있다고 그런 얘기를 할 수 있겠습니까? 오랑캐와 화해할 수 없다고 목소리를 높인 자들이 결국 고개를 숙여야 하니까 엉뚱한 사람들에게 책임을 떠넘긴 겁니다.

광해군의 격앙된 목소리가 법정 안에 울려 퍼졌다.

김딴지 변호사   그렇군요. 피고 측은 전쟁이 불가피했다고 거듭 주장했지만, 증인이 왕위에 있을 때에는 후금과 큰 충돌이 없었다는 점을 볼 때 무책임한 발언이라고 판단됩니다. 이상입니다.

판사   피고 측 반대 신문 하시겠습니까?

이대로 변호사   하지 않겠습니다.

판사   알겠습니다. 증인은 이제 돌아가서도 좋습니다.

증인석에서 일어난 광해군이 법정 밖으로 나가자 판사가 시계를 쳐다보고는 말했다.

판사   오늘은 정묘호란과 병자호란이 발생한 원인에 대해서 알아보았습니다. 양측의 팽팽한 주장으로 인해 매우 흥미로웠는데요. 다음 재판에서는 조선이 왜 전쟁에서 패배했는지를 살펴볼 예정입니다. 그럼 오늘 재판은 이것으로 마치도록 하겠습니다.

땅, 땅, 땅!

다알지 기자

　　여러분, 안녕하세요. 한국사법정에서 벌어지는
재판 소식들을 가장 빠르고 정확하게 전해 드리는
법정 뉴스의 다알지 기자입니다. 방금 강홍립 대 인조의
첫 번째 재판이 끝났습니다. 소식통에 의하면 첫 번째 증인으로 나온
청나라의 황제 홍타이지는 조선 지도층의 무능함과 지나친 고집 때문
에 전쟁이 일어났다고 주장했습니다. 하지만 곧바로 피고 측 변호인이
정묘호란은 후금 측의 내부 사정에 의해 벌어진 것이라고 반박합니다.
그리고 뒤이어 피고 측 증인으로 나온 삼학사 중의 한 명인 홍익한이
후금이 계속 무리한 요구를 해 왔다는 사실을 폭로하면서 상황이 급변
했습니다. 물론 원고 측 역시 광해군을 소환해서 피고 측이 후금 문제
에 제대로 대처하지 못했다는 점을 부각시켰습니다만, 예상과 달리 피
고 측에 유리하게 진행되었다는 느낌이 듭니다. 오늘 인터뷰는 양측
증인들과 함께하도록 하겠습니다.

홍타이지

　각오를 단단히 했지만 역시 재판은 쉽지
않더군요. 이승에서는 내 눈도 쳐다보지 못하
던 것들이 두 눈을 똑바로 뜨고 쏘아붙이는데 당장
처형하라고 소리지를 뻔했습니다. 만약 조선이 우리의 말을 고분고분
하게 잘 들었다면 굳이 쳐들어가지 않았을 거요. 하지만 조선은 계속
명나라와 가깝게 지내면서 우리 말을 듣지 않았고, 공유덕과 경중명
이 우리한테 망명해 올 때도 명나라 편에 섰었지요. 신하들이 나를 황
제로 추대할 때도 조선은 반대했습니다. 명나라와의 일전을 치러야 하
는 우리로서는 그런 조선은 반드시 손을 봐야만 하는 대상이었소. 물
론 그때 죽거나 고생한 사람들한테는 미안한 말이지만, 당시는 청나라
가 명나라를 제치고 세상의 주인으로 자리매김하는 시절이어서 희생
은 불가피했지요.

홍익한

　그래도 오랜만에 할 말을 하니까 속이 다 시원
합니다. 왜 사람들은 자꾸 정묘호란이나 병자호란
을 우리 잘못 때문에 벌어진 전쟁이라고 생각하는지 도
통 이해가 안 갔거든요. 우리가 후금을 배척하는 정책을 폈다고 하는
데 우린 원래 명나라와 친하게 지냈고, 후금은 생긴 지 얼마 되지도 않
은 나라였어요. 거기다 후금은 시간이 지날수록 계속 무리한 요구들을
해 왔어요. 한번 요구를 들어주면 만족하는 게 아니라 더 큰 걸 요구했
죠. 내가 주장한 것은 무조건 후금을 배척하자는 게 아니라 "하나를 들
어주면 둘을 요구하고, 그러면서도 우리를 업신여기니 무조건 요구를
들어주는 것만이 최선은 아니다."라는 겁니다. 힘이 없는 나라라고 전
쟁이 벌어진 책임까지 지라는 말은 너무나 가혹하지 않나요?

왜 조선이 패배하고 인조가 항복했을까?

1. 척화파 대신들과 무능한 장수들 때문이다
2. 조선이 전쟁에 대비하지 않았기 때문이다

교과연계

한국사
Ⅱ. 고려와 조선의 성립과 발전
  2. 유교 정치의 이상을 꽃피운 조선
    (5) 동아시아 정세 변화로 왜란과 호란이
        일어나다

척화파 대신들과
무능한 장수들 때문이다

판사 자, 두 번째 재판을 시작하겠습니다. 첫 번째 재판에서 이미 말씀드린 대로 오늘은 정묘호란과 병자호란의 진행 과정과 조선이 연이어 패배하게 된 이유에 대해 살펴보겠습니다. 우선 피고 측에서 신청한 증인을 불러 보도록 하겠습니다. 증인 최명길은 증인석으로 나와 주시기 바랍니다.

증인은 법정 안으로 걸어 들어오다가 인조 앞에서 발걸음을 멈추고 정중하게 고개 숙여 인사했다. 이에 인조는 가볍게 고개를 끄덕이며 답례했다. 잠시 후 증인은 엄숙한 표정으로 선서를 마쳤다.

이대로 변호사 안녕하세요. 이렇게 자리해 주셔서 감사합니다.

최명길   천만의 말씀입니다. 비록 이승을 떠난 몸이라고 해도 임금께서 참담한 일을 당하시는데 어찌 그냥 있을 수 있겠습니까?

이대로 변호사   우선 간단한 자기소개를 해 주십시오.

최명길   예. 나는 어릴 때 오성과 한음 중 오성으로 유명한 이항복 스승님께 학문을 배웠습니다. 1605년에 과거에 합격해 관직에 나섰다가 인조반정에 참여한 공으로 1등 공신에 이름을 올렸죠. 그 후 병자호란 때 이조 판서였던 나는 비난을 무릅쓰고 청나라와의 협상에 나섰습니다. 그 일로 임금의 신임을 받았지만 1643년 명나라와 교류를 했다는 죄목으로 심양으로 끌려가 고초를 겪다가 1645년 조선으로 돌아왔습니다.

이대로 변호사   『조선왕조실록』에 따르면, 1633년에 임금께서 후금의 무리한 요구에 진노하셔서 국교를 끊자고 하셨을 때 증인 홀로 우리가 먼저 빌미를 제공해서는 안 된다는 상소를 올리셨습니다. 또한 1636년 6월에는 강화도로 거처를 옮기라는 상소를 올렸지만 다른 신하들의 반대로 실패로 돌아갔습니다. 가장 인상적인 상소는 1636년 9월 5일 올린 상소군요. 척화론에 동조하는 사간원을 비판하면서 겨울이 와서 강이 얼게 되면 조선에 화가 미칠 것이라며 청나라의 침략을 예측하셨습니다.

최명길   후금이 명나라와 결전을 벌이기 전에 조선을 어떻게든 굴복시킬 것이라는 점이나 쳐들어온다면 저들의 장기는 기병이니 강이 어는 겨울에 쳐들어온다는 점은 어느 정도 예측이 가능했죠.

이대로 변호사   증인은 병자호란 당시 이조 판서로서 청나라와의 화해에 앞장섰습니다. 당시에도 많은 비난을 받으셨죠?

최명길　허허, 말도 마세요. 병자호란 때 오랑캐와 한패라는 비난을 수없이 받았습니다.

이대로 변호사　정묘호란은 그렇다 쳐도 병자호란 때 조선의 대응은 한심 그 자체였습니다. 왜 그런 일이 벌어진 겁니까?

최명길　어리석은 신하들과 무능한 장수들이 임금을 잘 보필하지 못했기 때문입니다. 시골의 선비들과 성균관의 유생들이야 돌아가는 상황을 잘 모르니 오랑캐와 화친해서는 안 된다고 얘기할 수 있습니다. 하지만 나라를 이끄는 대신들은 냉정하게 판단을 하고 임금을 보좌해야 합니다. 시대의 흐름만을 좇고, 비난 듣는 것을 두려워해서 그렇게 위급한 시기에 아무런 대책도 세우지 않은 것이야말로 진정 나라를 망치는 것입니다.

이대로 변호사　그러니까 척화파 대신들의 반대 때문에 제대로 된 대응을 하지 못했다는 말씀이신가요?

최명길　그렇습니다. 논의를 하는 것 자체를 비난하니 제대로 된 대응책을 세우기 어려울 수밖에요. 거기다 척화를 주장하면서 내세운 대책이라고는 고작 '죽을 각오로 싸우자.'이거나 '임금이 강화도로 피신하기만 하면 안전하다.'라고만 말했으니 제대로 된 대응을 할 수 없었죠. 아까 말씀하신 그 상소문에도 사간원을 비판하는 것 외에 조정의 방어 대책이 부실하다는 것을 따지는 내용이었죠. 조정에서 세운 대책이라고는 임금을 강화도로 모시고, 북도의 군대는 험한 지형에 쌓은 산성에 의지해서 싸운다는 것뿐이었습니다. 그러면

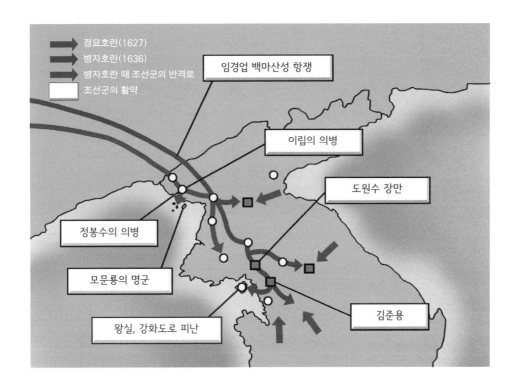

정묘호란(1627)
병자호란(1636)
병자호란 때 조선군의 반격로
조선군의 활약

임경업 백마산성 항쟁

이립의 의병

도원수 장만

정봉수의 의병

모문룡의 명군

왕실, 강화도로 피난

김준용

북도의 백성은 모두 어쩌란 말입니까? 그리고 그렇게 고립된 산성
이 제대로 지켜질 수 있겠습니까? 청나라가 공유덕과 경중명이 항
복하면서 얻은 배와 수군으로 강화도를 공격하면 그땐 또 어떻게 하
려고 하는지……. 휴, 정말 답답했습니다.

이대로 변호사　　정말 그랬겠군요. 제가 자료를 조사해 보니 증인께
서는 ▶1636년 12월 14일 인조가 강화도로 피란을 떠나지 못하고 남
한산성으로 들어간 이후 1637년 1월 30일 항복할 때까지 청나라와
의 협상을 주도하셨던데요. 당시 어떤 일이 있었는지 간략하게 설명

해 주실 수 있습니까?

최명길   물론이죠. 1636년 12월 13일 도원수 김자점으로부터 적이 안주를 통과했다는 보고를 받은 직후 나는 임금께서 강화도로 피란 갈 시간을 벌기 위해 적진으로 들어갔습니다. 적장은 왕의 형제와 대신들을 인질로 보낼 것을 요구했고, 이에 12월 16일 왕실의 일가족인 능봉군 이칭을 임금의 형제라고 속여서 보냈지만 그만 탄로 나고 말았습니다. 그래서 세자를 인질로 보내는 문제를 논의했는데 예조 판서 김상헌이 반대를 해서 무산되었죠. 결국 화의를 중단하고 싸우기로 결정했는데, 성은 고립되고 외부의 도움은 전혀 없으니 바람 앞에 등불 같은 형세였습니다. 결국 해를 넘긴 1637년 다시 청 태종 홍타이지가 도착한 것을 계기로 다시 화의 교섭을 재개했습니다. 하지만 여전히 척화론자들은 대책 없이 화의에 반대하기만 했습니다. 결국 1월 3일 청나라 측에 화의를 청하는 문서를 보냈지만 이미 유리한 입장에 있는 그들이 귀 기울일 리 있겠습니까? 그들은 임금이 직접 나와서 항복하고 세자를 인질로 보내고 척화파 대신들을 압송하라는 강경해진 요구 조건을 내걸었습니다. 결국 1월 15일 도원수 심기원이 보낸 장계에서 구원병들이 모두 패했다는 소식이 들리고, 저들이 초항(招降)이라고 쓰인 깃발을 내걸면서 화의가 무산되었습니다. 예조 판서 김상헌 같은 이는 청에게 보낼 국서를 찢으면서 강력하게 반대하는 등 척화파 대신들의 반발까지 겹치면서 어려움이 더 커졌죠. 그러나 1월

교과서에는

▶ 후금은 국호를 청이라 바꾸고 조선을 압박하여 군신 관계를 요구했습니다. 그러나 조선이 이를 거절하자 청 태종은 10여만 명의 군대를 동원하여 병자호란을 일으켰습니다. 한양이 청나라 군대에 의해 점령되자, 인조는 신하들과 함께 남한산성에 들어가 45일간 항전했으나, 결국 삼전도에서 굴욕적인 강화를 맺었죠.

탁상공론
현실성이 없는 허황된 이론이나
논의 등을 뜻합니다.

22일 강화도의 함락 소식이 전해지면서 그들의 요구대로 세자를 인질로 보내고 척화파 대신들을 압송하는 조건을 수락하자는 쪽으로 의견이 모아졌고, 1월 27일 그들의 뜻을 받아들이겠다는 내용의 국서를 보냈습니다. 그다음은 다들 아시다시피 1월 30일 임금께서 삼전도에서 청 태종 홍타이지에게 무릎을 꿇는 것으로 마무리되었지요.

이대로 변호사　증인의 말을 들어 보니 병자호란 당시 대신들은 남한산성에서 두 패로 나뉘어 **탁상공론**(卓上空論)만 일삼은 것 같군요. 협상 말고 군사적인 대응은 없었습니까?

최명길　청나라의 침입을 막기 위해 도원수 김자점이 이끄는 군대가 황주의 정방산성을 지키고, 영변의 철옹산성에는 부원수 신경원이 이끄는 군대가 주둔하고 있는 상태였습니다. 이외에도 청북 방어사 임경업이 백마산성을, 평안 병사 유림이 안주성을 수비했습니다. 우리 군대와 청나라 군대의 군사력이 워낙 차이가 났기 때문에 오직 산성에만 의지해서 싸울 수밖에 없었던 상황이었지요.

이대로 변호사　나름대로 대책은 세운 상태였군요.

최명길　그럼 뭐 합니까? 후금의 목표는 하루빨리 한양으로 가서 임금을 사로잡는 것이었는데, 길에서 벗어나 외진 곳의 산성을 지켰으니 오히려 그들에게 길을 내준 셈이었죠.

이대로 변호사　정묘호란 때의 경험을 전혀 살리지 못했군요?

최명길　그렇습니다. 게다가 청나라의 침입 사실을 조정에 제대로 보고하지도 않았습니다. 방어를 책임졌던 도원수 김자점은 그 사실

을 청군의 선봉 부대가 12월 8일 압록강을
건넌 지 엿새가 지나서야 비로소 조정에 전
달했습니다. 다음 날 일찍 왕실 가족을 먼
저 강화도로 보내고 임금께서도 세자와 함
께 뒤따라가려고 했지만, 청군이 이미 코앞
에 닥쳐서 할 수 없이 남한산성으로 피신하
셔야 했지요.

남한산성 수어장대. 병자호란 당시 인조가 군사들
을 격려하며 항전했던 곳이다.

이대로 변호사　　보고가 너무 늦게 들어와
서 어떤 대책도 세울 수 없었다는 말인가요?

전멸
모두 죽거나 망해서 없어지는
것을 뜻합니다.

최명길　　물론입니다. 거기다 방어를 책임졌던 김자점의
무능함과 무책임함 때문에 일이 더 커지고 말았습니다. 초
기 보고도 늦었지만 청군이 남하한 이후에도 제대로 대처하지 못했
기 때문에 경기도 양근(楊根)의 미원(迷原)에서 전쟁이 끝날 때까지
꼼짝도 하지 않았죠.

이대로 변호사　　방어를 책임진 총사령관이 몸을 사린 셈이군요. 그
렇다면 김자점 외에 다른 지방군은 어땠습니까?

최명길　　임금께서 남한산성에 갇히시고 속히 구원하라는 명령을
지방에 내려보냈습니다. 가장 먼저 움직인 것은 강원 감사 조정호였
습니다. 도내의 속오군(束伍軍)을 집결시킨 조정호는 원주 영장 권정
길을 선봉으로 삼아서 진군했죠. 12월 26일 권정길이 이끄는 선봉
부대가 남한산성 남쪽의 검단산성에 도착했습니다. 하지만 다음날
청군의 공격을 받고 전멸당하고 말았습니다. 그 후 조정호가 이끄는

군대는 미원에 주둔한 김자점 군대와 합류해서 꼼짝도 하지 않았죠. 충청 감사 정세규도 휘하의 군사들을 소집해서 충청 병사 이의배를 선두로 삼아 진군하던 중 1637년 1월 2일 험천현 전투에서 패배하고 말았죠. 결국 정세규는 공주로 물러갔습니다. 또한 12월 19일 경상 감사 심연은 남한산성을 속히 구하라는 명령을 받고 좌병사 허완과 우병사 민영으로 하여금 군대를 이끌고 북상하라고 지시했죠. 이들은 1637년 1월 2일 남한산성에서 15.7킬로미터 정도 떨어진 쌍령 고개까지 진군했지만 다음 날 적의 공격을 받고 전원이 사망했습니다. 죽은 장졸들만 해도 수만에 달하는 큰 참패였죠. 함경 감사 민성휘는 적과 싸우지도 못하고 미원에 주둔한 김자점 군대와 합류해 버렸죠.

이대로 변호사   그럼 조선군이 모두 패배했다는 말입니까?

최명길   물론 이긴 전투도 있긴 했습니다. 전라 병사 김준룡이 이끄는 군대가 1637년 1월 4일부터 6일까지 수원의 광교산에서 적을 격퇴시켰습니다. 이때 홍타이지의 사위인 양굴리(揚古利)가 전사하는 등 청군은 큰 타격을 입었지요. 평안 감사 홍명구와 평안 병사 유림이 이끄는 군대도 1637년 1월 28일 김화 전투에서 이겼습니다. 비록 탑동의 평지에 진을 친 홍명구의 부대는 전멸했지만 백동의 험한 지형에 의지한 유림의 부대는 적의 공격을 막아냈죠. 하지만 승리한 김준룡의 군대나 유림의 군대 모두 물자가 부족했기 때문에 더 이상 진군하지 못했습니다.

이대로 변호사   그렇다면 조선군이 청군과의 전투에서 패배한 이유는 무엇일까요?

최명길　길목에서 적을 막지 않고 산성에 의지한 채 적들을 그냥 통과시킨 것이 첫 번째 실책이고, 적을 막아야 할 도원수 김자점의 보고가 늦었을 뿐만 아니라 미원에서 진을 치고 움직이지 않은 것이 두 번째 실책이었지요. 미원에는 도원수의 군대뿐 아니라 유도대장 심기원, 함경 감사 민성휘, 강원 감사 조정호의 군대까지 모두 집결한 상태였습니다. 이렇게 적을 막을 부대가 제 역할을 못 하니 임금께서 남한산성에 갇혀 버린 것입니다.

이대로 변호사　한마디로 정규군은 싸워 보지도 못한 채 패배한 것이군요?

최명길　그렇습니다. 1594년 임진왜란 중에 창설된 속오군은 양인과 천인으로 구성된 동원 예비군입니다. 평소에는 생업에 종사하고 세금을 바치며 훈련을 받고, 비상시에는 출동해서 적과 싸우는 것이죠. 하지만 속오군은 자비로 훈련을 받아야 했기 때문에 백성의 부담이 너무 컸고, 훈련 상태가 부실했습니다. 더구나 이들을 지휘해야 할 지방관들 역시 경험이 부족했습니다. 그런 병사와 지휘관들이 어찌 전쟁으로 단련된 청나라 군대를 이길 수 있었겠습니까? 설상가상(雪上加霜)으로 강화도의 수비를 맡았던 김경징 역시 적이 바다를 건너오지 못할 것이라는 것만 믿고 게을리 방어하다가 결국 적에게 함락되고 말았죠. 장수들은 싸울 줄 모르고, 척화파 대신들은 아무런 대책도 없이 화친은 안 된다고 주장만 하다가 임금께 큰 죄를 범하고 만 것입니다.

설상가상
눈 위에 서리가 덮인다는 의미로 불행한 일이 연속적으로 일어나는 것을 비유하는 말입니다.

치욕
다른 사람들을 볼 낯이 없거나 스스로 떳떳하지 못한 것을 의미합니다.

볼모
약속을 지키는 조건으로 상대편에 잡혀 두는 사람이나 물건을 의미합니다.

이대로 변호사　총체적으로 문제가 있었다는 말이군요?

최명길　맞습니다. 그러니 병자년에 일어난 끔찍한 전쟁의 원인이 오직 임금께만 있다고 말하는 것은 신하 된 자들로서 입에 담을 얘기는 아니지요. 현실을 잊은 채 명분만을 앞세운 신하들과 제대로 싸우지 못한 장수들 때문에 결국 임금께서 치욕을 겪으셨으니까요.

이대로 변호사　알겠습니다. 그렇지만 병자호란 이후 청나라에 비굴한 모습을 보인 인조에 대해서 비판하는 목소리가 높았습니다만……. 당시의 상황이 궁금합니다.

최명길　당시 상황은 세자와 대군이 심양에 볼모로 잡혀 있고, 청나라가 마음만 먹으면 다시 쳐들어와서 조선을 멸망시킬 수도 있었습니다. 이렇게 국가에 불행한 일이 생기면 모두가 힘을 합쳐서 위기를 극복해야 하는데 다들 자신의 명성만 지키는 데 매달렸죠. 게다가 신하들이 임금의 말을 제대로 듣지 않는다는 사실이 청나라 측에 들어가기라도 한다면 그들은 분명 다른 뜻을 품었을 게 뻔했죠. 옛말에 이르기를 "가난한 선비의 아내와 약한 나라의 신하는 각기 정도를 지켜야 한다."라고 했습니다. 이는 체면을 따질 만한 상황이 아니라면 어려운 상황에서 벗어나기 위해 최선을 다해야 한다는 것을 의미합니다. 그런데 신하라는 자들은 무조건 목소리만 높이고, 깨끗함을 찾기만 할 뿐이니, 지금 생각해도 답답할 따름입니다.

이대로 변호사　조선은 병자호란을 겪은 후 어떤 변화가 있었나요?

최명길　큰 변화가 있었지요. 무엇보다 임금께서는 더 이상 척화파 대신들의 헛된 주장에 귀 기울이지 않고, 청나라가 명나라를 대신한다는 현실을 받아들이기 시작하셨습니다. 몇몇 신하들은 청나라에게 지나치게 아부한다고 비판을 하기도 했지만 사실상 대안 없는 비판일 뿐이었죠.

이대로 변호사　그렇군요. 정묘호란과 병자호란 당시 제 의뢰인은 나름대로 대책을 세우려고 노력했습니다만, 명분론을 주장한 대신들과 무능한 장수들 때문에 패하고 말았습니다. 당시 상황은 어느 한 사람에게만 책임을 지울 수 없는 상황이었으며, 따라서 제 의뢰인이 모든 비난을 받는 것은 부당하다고 판단합니다. 이상으로 신문을 마칩니다.

판사　수고하셨습니다. 원고 측 변호인 반대 신문하세요.

김딴지 변호사　몇 가지 질문을 짧게 드리겠습니다. 증인은 말만 앞세운 척화파 대신들과 무능한 장수들 때문에 피고 인조가 치욕을 겪었다고 하셨죠?

최명길　그렇습니다.

김딴지 변호사　그렇다면 누가 그 사람들을 뽑았죠?

최명길　당연히 인조 임금께서 뽑으셨죠.

김딴지 변호사　자신이 뽑은 신하가 제대로 일을 해내지 못했다면, 그 신하를 뽑은 피고에게도 책임이 있는 것 아닌가요?

최명길　그, 그야……

김딴지 변호사　그때는 임진왜란 같은 전쟁을 겪은 지 얼마 지나지 않은 때였습니다. 그렇다면 한 나라의 최고 의사 결정자로서 마땅히

군대를 정비하고, 외부의 공격에 대해 철저한 준비를 하도록 지시를
내렸어야 하는 것이 옳은 일이지요. 그런데 지금까지 증인의 말을
종합해 보면 피고는 전쟁에 대해서 쉽게 생각하고 그 어떤 준비도
하지 않았던 것처럼 보입니다. 강화도로 피신하는 것만이 상책이 아
닐 텐데 말입니다. 백성은 본토에 버려두고 혼자만 살겠다고 도망가
려 하다니…… 부끄러운 줄 아십시오.

최명길   흠흠.

왜 인조는 삼전도에서 무릎을 꿇었을까?

김딴지 변호사의 매서운 신문에 증인은 기침을 두어 번 하며 시선을 돌렸다.

징치
잘못을 뉘우치도록 나무라거나 위반 행위에 대해 제재를 가하여 다스리는 것을 말합니다.

형정
정치와 형벌을 아울러 이르는 말이지요.

김딴지 변호사　게다가 피고는 병자호란 이후에는 죄를 지은 사람에게는 그에 합당한 벌을 내렸어야 했는데, 이를 확실하게 처리하지 않아 문제를 더 키웠습니다. 또한 강화도 함락 사건을 책임져야 할 사람은 강도(江都) 검찰사 김경징이라고 하는데요, 맞습니까?

최명길　맞습니다.

김딴지 변호사　제가 알아보니 김경징은 반정 공신인 김류의 아들이더군요. 그래서 피고는 그냥 봐주려다가 워낙 여론이 안 좋으니까 할 수 없이 사형을 시키고도 장례를 잘 치러 주라고 명령했더군요. 거기다 도원수 김자점도 귀양을 보냈다가 금방 풀어 주라고 중용했죠. 『조선왕조실록』 인조 17년, 그러니까 서기 1637년 7월 12일에 사관이 남긴 기록을 잠깐 읽어 드리겠습니다.

"김자점이 군부를 해치고 유기한 죄는 한 차례의 유배(流配)로는 진실로 징치(懲治)하기에 부족한데, 하물며 시골의 집에서 편히 쉬게 해서야 되겠는가. 조정의 형정(刑政)이 아이들 장난과 같으니, 이렇게 하면서 어떻게 인심이 복종하고 국세(國勢)가 진작되기를 바랄 수 있겠는가?"

—『인조실록』

자, 어떻습니까? 증인께서는 척화파 대신들과 무능한 장수들 때문에 전쟁에서 패배했다고 주장했지만 정작 그런 사람들을 뽑은 것은 바로 피고입니다. 반성할 줄도 모르고, 자기 측근만 감싸는 임금에게 뜻이 있는 신하들이 느꼈을 상심과 분노가 얼마나 컸을지 이해되십니까? 아, 물론 증인께서 책임져야 할 문제는 아닐 테니까 답변은 안 하셔도 됩니다. 이상으로 반대 신문을 마치도록 하겠습니다.

판사   수고하셨습니다. 증인은 돌아가셔도 좋습니다.

자리에서 일어난 최명길은 침착한 걸음으로 법정 밖으로 나갔다.

판사   다음은 원고 측 증인을 소환하도록 하겠습니다. 증인은 나와 주시기 바랍니다.

왜 인조는 삼전도에서 무릎을 꿇었을까?

2 조선이 전쟁에 대비하지 않았기 때문이다

변발에 청나라 복식을 입은 영혼이 법정에 들어서자 조선 출신의 영혼들이 술렁거렸다. 거만한 태도로 걸어 들어온 증인은 간단한 선서를 하고 법정 안을 둘러보았다.

김딴지 변호사   나와 주셔서 감사합니다. 자기소개를 부탁드릴게요.

용골대   안녕하십니까. 나는 청나라 장수 용골대입니다. 요즘 TV 드라마 〈추노〉 덕분에 나를 알아보는 영혼들이 늘어서 심심하지 않게 지내고 있습니다. 원래 무술에 능한 장수지만 협상 능력도 뛰어나 정묘화약을 주선하고 병자호란 때는 청나라와 조선의 협상을 맡았었죠.

김딴지 변호사   그렇군요. 그럼 지금부터 몇 가지 질문을 드리겠습

니다. 증인은 정묘호란과 병자호란 때 조선을 침략했고, 예전부터
사절로도 자주 왔었죠?

용골대 　 물론입니다.

김딴지 변호사 　 증인께서 보기에 당시 조선군의 방어 태세는 어땠
습니까?

　이에 용골대는 코웃음을 치며 대답했다.

용골대 　 애들 장난 수준이라고 할 수 있죠.

　용골대의 비아냥거림에 방청석에서 불만의 소리들이 터져 나왔
다. 판사는 재판정의 어수선함을 진정시킨 뒤 용골대에게 신경질적
인 어투로 한마디 했다.

판사 　 증인! 이곳은 신성한 법정입니다. 신중한 태도로 재판에 임
하지 않으면 퇴정시키겠습니다.

용골대 　 죄송합니다.

판사 　 원고 측 변호인은 신문을 다시 시작하세요.

김딴지 변호사 　 네, 증인께서는 좀 더 구체적으로 말씀해 주세요.

용골대 　 네. 그러니까 장수라는 자들은 법에 얽매여서 과감하게
빠른 결정을 하지 못했습니다. 게다가 병사들은 총을 쏘거나 활을
당길 줄 모르는 자가 대다수였습니다. 성에 들어가서 싸우면 그나마

좀 싸웠던 것 같은데, 그 외에는 별로 두려워할 만한 상대가 아니었습니다.

수전
물 위에서 하는 전투를 뜻합니다.

김딴지 변호사 전체적으로 조선의 대응은 어땠나요?

용골대 정말 바보 같았죠. 아시다시피 우리 군대는 수전(水戰)에 약했습니다. 그래서 병자호란 때는 아예 선발대가 아주 빠른 속도로 남쪽으로 내려와서 조선의 왕이 강화도로 들어가려는 걸 막으려고 했죠. 그 작전은 조선군이 길을 막지 않고 깊은 산속에 틀어박히는 바람에 일사천리로 진행되었습니다. 12월 8일인가 압록강을 건너서 한양까지 당도하는 데 열흘도 걸리지 않았고, 이로 인해 조선의 왕을 남한산성에 가두는 데 성공했죠.

김딴지 변호사 그 후에도 전투는 계속 벌어졌죠?

용골대 두 달 정도 계속됐습니다. 우리 군대는 남한산성만 포위하다가 적들이 우리 쪽으로 다가오면 바로 공격하는 방식으로 진행되었습니다. 조선군은 왕을 구하기 위해 갑자기 소집된 군대였기 때문에 제대로 싸울 준비가 되어 있지 않았습니다. 그래서 우리 군대는 조선군과 싸울 때마다 계속 이겼습니다. 물론 가끔 지기도 했지만 보급 물자가 부족했는지 조선군이 알아서 후퇴하는 바람에 남한산성에 대한 포위를 풀지 않아도 되었죠. 그러다 우리 군이 강화도를 함락시키고, 왕자와 왕실 가족들을 사로잡자 결국 조선의 왕도 항복하고 말았습니다.

김딴지 변호사 강화도에서 조선군의 저항은 어땠나요?

용골대 강화도를 지킨 조선군은 우리 군대가 바다를 건너지 못할

것이라고 안심했던 모양입니다. 하지만 우리 군대는 이미 몇 년 전
에 공유덕과 경중명이 망명해 오면서 수군과 홍이포를 보유한 상태
였죠. 1637년 1월 22일 새벽에 배와 뗏목을 타고 갑곶 방면을 공격
했습니다. 해안가를 지키던 조선군은 잘 싸웠지만 숫자가 턱없이 부
족했습니다. 결국 치열한 전투 끝에 갑곶에 상륙할 수 있었죠. 강화
중군 황선신이 이끄는 조선군이 갑곶 뒤편의 연미정에서 저항하는
통에 잠시 지체되었지만 그쪽도 숫자가 워낙 적어서 돌파하는 데 성
공했죠. 그 뒤에 강화성을 포위하고 강화도에 머물고 있던 봉림 대

군에게 항복할 것을 요구했습니다. 그날 저녁 봉림 대군이 항복을 선언해 오면서 결국 강화도는 함락되어 우리 손에 들어왔습니다. 그 후 우리와의 화의를 반대했던 김상용이라는 대신을 비롯해서 적지 않은 조선의 대신들과 장수들이 자결을 했다고 들었습니다.

김딴지 변호사　피고 측은 부하 장수들의 실수로 벌어진 일이니 임 금이 책임질 필요가 없다고 말합니다만…….

용골대　말도 안 됩니다. 장수들의 잘못은 결국 그 장수들을 제대 로 관리하지 못한 임금의 잘못입니다. 그리고 반정으로 왕위에 오른 인조는 광해군과는 달리 우리를 오랑캐 취급을 하며 자극했습니다. 하지만 우린 사람을 능력대로 쓰고 차별하지 않습니다. 비록 우리의 적이라고 해도 우리에게 항복하고 충성을 맹세하면 기꺼이 동료로 받아들였죠. 또한 사람을 대할 때에는 가식적이지 않고 솔직하게 대 했습니다. 반면 조선인은 신분이 낮으면 아무리 능력이 뛰어나도 관 직에 나갈 수 없었고, 신분이 높으면 능력이 없어도 높은 자리에 오 를 수 있더군요. 내가 보기에는 조선인이 오히려 더 야만스럽게 느 껴졌습니다.

김딴지 변호사　말씀 잘 들었습니다. 증인의 말대로라면 조선은 잘 못된 대응을 했고, 이것은 통치자였던 피고가 책임져야 할 문제로 보입니다. 이상으로 증인 신문을 마치도록 하겠습니다.

판사　수고하셨습니다. 피고 측은 반대 신문 하시겠습니까?

이대로 변호사　반대 신문 대신에 원고에게 몇 가지 질문을 하고 싶 습니다.

칠서의 난
신 군주를 꿈꾸는 일곱 명의 서
자들이 은상(銀商)을 죽이고 은
을 강탈한 사건인데, '칠서의
난'으로 확대되었지요.

판사   음, 원고는 질문에 대답할 용의가 있습니까?

원고 강홍립은 고개를 무겁게 끄덕거렸다. 이에 이대로
변호사는 신문을 시작했다.

이대로 변호사   원고는 부차 전투에서 패배하고 후금의 포로가 되
면서 그들과 함께 지냈죠?

강홍립   맞습니다. 1619년부터 그들과 지내다가 1627년 정묘호란
때 조선으로 돌아왔으니까, 9년 동안이나 함께 지냈군요.

이대로 변호사   이번 재판 내내 원고 측 변호인과 증인들은 조선이
전쟁에서 진 것은 모두 임금인 인조 탓이라고 주장하고 있습니다.
그러나 제 생각에는 그런 주장이 성립되려면 한 가지 전제 조건이
필요합니다.

강홍립   전제 조건이요? 도대체 그게 뭡니까?

이대로 변호사   피고가 왕위에 있던 시절 잦은 전쟁 탓에 광해군의
시대가 상대적으로 태평성대쯤으로 왜곡되고 있습니다. 그러나 광
해군 시절에도 '칠서의 난'과 '허균의 역모' 등 갖가지 사건들 때문
에 국론이 분열된 상태였습니다. 만약 이런 상태에서 후금이 침입해
왔다면 광해군이 잘 막아 낼 수 있었을까요? 원고, 어떻게 생각하십
니까?

강홍립   광해군께서 왕위에 계속 계셨다면 후금과의 문제는 외교
적으로 잘 해결했을 겁니다. 따라서 두 차례나 전쟁이 벌어지지도

않았겠죠.

이대로 변호사 음, 아주 비겁하시군요.

그 얘기를 들은 김딴지 변호사가 벌떡 일어나 판사에게 항의했다.

김딴지 변호사 이의 있습니다. 존경하는 판사님, 피고 측 변호인은 원고를 모욕하고 있습니다.

판사 인정합니다. 피고 측 변호인의 신문은 이 정도에서 끝내겠습니다. 오늘은 정묘호란과 병자호란의 진행 과정과 그 결과에 대해 살펴보았습니다. 다음 재판에서는 정묘호란과 병자호란이 조선에 남긴 영향에 대해서 다뤄 보도록 하겠습니다. 그럼 이것으로 오늘 재판을 끝내도록 하겠습니다. 모두 수고하셨습니다.

땅, 땅, 땅!

삼전도비

    1637년 병자호란이 끝난 후 조선은 청나라의 강요에 의해 공덕비를 세워야 했습니다. 삼전도에 세워진 이 공덕비는 이조 판서 이경석이 쓴 내용을 토대로 만들었습니다. 현재처럼 명확한 국경선 개념이 희박했던 옛날에는 이렇게 비문에 새겨진 내용에 따라 국경선을 확정짓거나 영토의 확장을 기록해놓기도 했습니다.

    서기 414년 고구려 장수왕이 아버지 광개토 대왕의 업적을 기리기 위해 길림성 집안현에 세운 광개토 대왕비에도 점령한 성과 지역들을 차례로 나열했습니다. 이는 승리한 측이 자신들의 업적을 남기는 동시에 성공을 영원히 남겨놓기 원했기 때문입니다.

    조선의 치욕을 상징하던 삼전도비는 1963년 사적 101호로 지정되었습니다.

다알지 기자

　　안녕하세요. 한시라도 빨리 시청자 여러분
께 법정 소식을 전하기 위해 늘 발로 뛰고 있는,
법정 뉴스의 다알지 기자입니다. 한국사법정에서
는 강홍립과 인조의 두 번째 재판이 이제 막 끝났습니다. 오늘 재판에
서는 피고 측 증인으로 최명길이 나와 조선이 전쟁에서 패배한 이유는
명분론만을 앞세운 척화파 대신들과 무능한 장군들 때문이라고 주장
했습니다. 이에 대해 원고 측 변호인은 최종 인사권을 가진 인조가 책
임져야 한다고 반박했습니다. 또한 원고 측 증인으로는 청나라의 장수
용골대가 나와 당시 조선의 장수와 병사들은 모두 무능했고 잘못된 전
술을 사용한 탓에 패배한 것이라고 증언했습니다. 피고 측 변호인은
원고 강홍립에게 만약 광해군이 청나라의 침략을 받았다면 제대로 대
처할 수 있냐고 물었습니다. 이에 대해서 원고는 만약 광해군이었다면
외교적으로 노력해 침략을 당하지 않았을 것이기 때문에 그 질문에는
답변이 어렵다고 대답했습니다. 그럼 오늘 재판에서 어떤 이야기들이
오갔는지 김딴지 변호사와 이대로 변호사에게 들어 보겠습니다.

김딴지 변호사

오늘 재판도 힘들긴 했지만, 지난 재판보다는 진행 상황이 나아져서 한결 기분이 좋습니다. 인조가 삼전도에서 무릎을 꿇은 건 당사자의 책임이 큽니다. 더군다나 그 일로 수많은 백성이 죽거나 이산가족이 되는 고통을 겪었습니다. 그래서 원고는 배신자라는 소리를 들으면서까지 소송을 제기한 것이지요. 백성의 절규 앞에서도 자신의 잘못이 아니라고 저렇게 억지를 부리니 한심스럽기 그지없습니다. 세 번째 재판에서는 또 어떤 변명을 늘어놓을지 모르지만 이번 재판을 통해서 인조의 사과를 꼭 받아 내겠습니다.

왜 인조는 삼전도에서 무릎을 꿇었을까?

이대로 변호사

　어려운 재판이었지만 나름대로 성과가 있었습니다. 당시 조선은 어느 누가 와서 어떤 대책을 세우더라도 이길 만한 상황이 아니었습니다. 하나로 똘똘 뭉쳐서 싸워야 할 시점에 개개인의 명성을 위해 저마다 다른 목소리를 냈으니, 당연한 것 아니겠습니까? 병자호란이 조선의 백성에게 큰 아픔을 준 것은 사실이지만 따지고 보면 인조 역시 피해자 중 한 명입니다. 그에게 모든 책임을 지우는 것은 잘못이라고 생각합니다.

적을 무찌르고 나라를 지키던 무기

인조 때 조선은 청나라의 침입을 받아요. 이를 병자호란이라고 하지요. 청나라의 20만 대군을 맞아 싸워야 했던 그 당시 우리 조선의 무기를 알아볼까요?

황자총통

불씨를 손으로 붙여서 쏘는 화포에요. 화포는 대포처럼 화약의 힘으로 쏘는 대형 무기를 말하지요. 화포는 크기와 사용되는 화약의 양, 발사되는 거리 등에 따라 4가지로 나누어진답니다. 〈천자문〉의 첫 글자인 천, 지, 현, 황에서 따서 이름을 붙였어요. 황자총통은 이 중에서 크기가 가장 작아 이동이 편리했어요. 사진 속 유물은 황자총통으로 선조 때에 만들어진 것으로 보물 886호랍니다.

삼인도

조선 시대 사용된 검의 일종으로 보검에 속해요. 보검은 나라의 행사나 의식에서 사용되는 검을 뜻하지요. 사진 속 유물은 '삼인도'인데, '인도' 또는 '인검'은 12간지 중 인(寅, 호랑이)의 글자가 들어가는 때에 만들어진 칼을 말하지요. 호랑이는 용감하고 힘찬 기운을 상징하기 때문에 인의 글자가 많이 들어가는 칼을 좋은 칼로 생각하였답니다. 예를 들어 2010년은 병인년이었는데, 이렇게 인의 글자가 들어가는 때가 있어요. 인의 글자가 들어가는 해, 달, 날짜, 시간과 같이 네 가지가 모두 겹쳐지는 때 만들어진 칼을 사인도, 세 가지가 겹쳐지는 때 만들어진 칼을 삼인도라고 하지요.

두정갑주

놋쇠로 만든 못을 두정이라고 하고, 갑옷과 투구를 아울러 갑주라고 해요. 따라서 두정갑주란 놋쇠못이 박힌 갑옷과 투구임을 알 수 있지요. 두정갑주는 조선시대에 입던 갑옷으로 전쟁시에 적의 공격을 막아 주는 역할을 했어요. 사진 속 유물은 투구와 갑옷으로 이루어져 있는데, 투구는 용과 봉황 무늬가 조각되어 붙어 있어요. 그리고 갑옷의 겉감은 붉은색으로 푸른색으로 테두리가 둘러져 있답니다.

화차

화차는 조선 시대 사용된 발사 무기에요. 병자호란이 일어나기 약 80년 전인 1451년 문종 때에 처음 만들어졌어요. 수십 개의 화살을 연이어 쏠 수 있는 장치가 되어 있지요. 사진 속 유물은 둥근 구멍이 뚫린 나무통을 나무상자 속에 여러 층으로 쌓은 형태예요. 따라서 한꺼번에 많은 수의 화살을 발사할 수 있는 무기이지요. 길이는 1m가 넘고, 높이는 40cm에 달한답니다. 화차는 임진왜란 때 행주대첩 등에서 사용하였으며 이후에도 계속 만들어져서 중요한 무기로 활용되었어요.

출처: 전쟁기념관(www.warmemo.or.kr)

정묘, 병자호란은 조선에 어떤 영향을 끼쳤을까?

1. 패배주의에 젖어 변화의 기회를 놓치고 말았다
2. 어쩔 수 없이 따랐지만 나름 주체성을 지켰다

교과연계

역사
VI. 조선 사회의 변동
  4. 문화의 새로운 변화
    (1) 국학과 과학 기술에 고조되는 관심

1

패배주의에 젖어
변화의 기회를 놓치고 말았다

마지막 재판 날에도 법정 안은 방청객들로 가득 찼다. 그들은 1, 2차 재판을 지켜보면서 의문 났던 점과 공감했던 점을 마치 누군가를 성토하듯이 떠들어 대느라 재판정은 시장 바닥 처럼 소란스러웠다. 판사는 입정해 자리에 앉으며 중얼거리듯 말했다.

판사   인산인해(人山人海)로군.

판사의 말에 서기는 서류 정리를 멈추고 대답했다.

서기   사람들은 아니니까 혼산혼해(魂山魂海)겠죠.

서기의 답변에 할 말이 없어진 판사는 의사봉을 두드렸다.

인산인해
'사람이 산을 이루고 바다를 이루었다'는 뜻으로, 사람이 수없이 많이 모인 상태를 말합니다.

판사   재판 시작부터 법정 안이 매우 소란스럽습니다. 다들 자리에 앉아 주시기 바랍니다. 시끄럽게 하면 퇴정시키겠습니다.

판사의 말에 소란스러웠던 법정 안이 일시에 조용해졌다.

판사   지금부터 원고 강홍립 대 피고 인조의 마지막 재판을 재개하도록 하겠습니다. 오늘은 조선이 겪은 두 차례의 전쟁 이후의 조선의 상황과 백성의 삶이 어떠했는지 살펴보도록 하겠습니다. 원고 측부터 시작하세요.

김딴지 변호사   네. 두 차례의 전쟁 이후에 조선의 상황을 알아보기 위해 증인을 신청합니다.

판사   좋습니다. 증인은 앞으로 나와 선서하세요.

30대 중반으로 보이는 영혼이 모습을 드러내자 인조는 눈을 질끈 감았다. 증인은 침착한 모습으로 선서를 마치고 자기소개를 했다.

소현 세자   안녕하세요. 나는 피고 인조의 장남 소현 세자라고 합니다. 1623년 아버지께서 왕위에 오르자 세자로 책봉되었고,

남염의
남초라는 풀의 잎으로 물들인
남색 옷을 말합니다.

시강원
조선 시대 왕세자의 교육을 담
당한 관청입니다.

익위사
왕세자의 호위를 책임지는 관청
입니다.

1637년 청나라에 항복하면서 심양으로 끌려갔습니다. 심양에서 약 9년간 인질로 지내다가 1645년 2월 청나라의 허락을 받고 동생과 함께 조선으로 돌아왔습니다. 그러나 귀국한 지 불과 두 달 만에 세상을 떠나고 말았습니다.

김딴지 변호사 　　그렇군요. 증인으로 나오기가 쉽지 않았을 텐데 큰 결단을 내려 주셔서 감사드립니다.

소현 세자 　　물론 마음이 편하진 않습니다만, 진실을 알려야 하지 않겠느냐는 아내의 충고에 나오게 됐습니다.

김딴지 변호사 　　증인은 1637년 1월 30일 아버지 인조를 따라 삼전도에서 청 태종 홍타이지에게 항복했나요?

소현 세자 　　그렇습니다. 아직도 어제 일처럼 생생합니다. 아침 일찍 청나라 장수 용골대와 마부대는 우리 부자가 남한산성에서 나올 것을 재촉했습니다. 아바마마께서는 남염의(藍染衣)를 입으시고 백마를 탄 채 오랑캐의 진영으로 가셨죠. 나도 시강원(侍講院)과 익위사(翊衛司)의 관리들과 함께 그 뒤를 따랐죠. 청 태종 홍타이지는 무사들과 함께 삼전도에서 기다리고 있다가 아바마마를 맞이했습니다. 황제 앞에 나아간 아바마마께서는 '삼배구고두례(三拜九叩頭禮)'를 행하셨습니다.

김딴지 변호사 　　삼배구고두례요? 그게 무엇입니까?

소현 세자 　　삼배구고두례란 절을 한 번 할 때마다 고개를 세 번 조아리는 것을 총 세 번에 걸쳐서 하는 것을 말합니다. 청나라 황제에게 항복을 선언한 의식이었지요.

김딴지 변호사　　조선 역사상 전례 없는 치욕적인 일을 당하신 것이
군요?

　증인은 당시의 악몽이 떠올랐는지 눈을 지그시 감고 긴 한숨을 뱉
었다.

소현 세자　　휴……, 그렇습니다. 그런데 우리의 치욕은 여기서 멈
추지 않았습니다. 저들은 우리를 굴복시킨 후 삼전도에 비문을 세우
겠다며 우리 조정에 비문을 만들어 바치라고 했습니다. 삼전도 비문
의 원래 이름은 '삼전도청태종공덕비(三田渡淸太宗功德碑)'로 청 태종

공덕
착한 일을 하여 쌓은 업적과 어진 마음과 행동을 뜻합니다.

홍타이지의 공덕을 칭송하는 내용이었습니다. 청나라 입장에서는 조선이 항복했던 역사적인 순간을 대대손손 남기고 싶었던 것입니다.

김딴지 변호사 청나라의 강요에 의해 비문을 세워야 했지만 조선 사람으로서 그 비문을 쓰려고 하는 사람이 없었을 텐데요…….

소현 세자 그렇습니다. 누가 오랑캐 황제를 칭송하는 글을 짓고자 했겠습니까? 어느 누구도 글을 쓰려고 하지 않자, 청나라의 독촉이 심해졌죠. 결국 아바마마께서는 이경석에게 "경이 짓는 글이 국가의 안위를 좌우하게 되었소. 이렇게 된 오늘 저들의 비위에 거슬리지 않게 쓰도록 하오"라고 간곡히 당부했지요. 그리하여 이조 판서 이경석이 이 치욕적인 비문을 짓게 되었습니다. 휴…….

김딴지 변호사 어쩔 수 없이 비문에 글을 쓴 이경석의 마음도 편치 않았겠군요?

소현 세자 아마 치욕적인 글을 지어야만 했던 이경석은 참으로 비통한 마음이었을 것입니다. 게다가 이경석은 우리 왕실 종가의 사람입니다. 왕실 종가의 후손이 조선이 청나라에 패하고 그들의 공덕을 기리는 삼전도비의 비문을 짓는 심정이 어땠을지 상상이 가십니까? 휴……. 오죽했으면 형 이경직에게 "처음으로 글을 배운 것에 대하여 후회합니다. 붓을 꺾어 버리고 싶은 마음 간절합니다"라고 편지를 써서 보냈겠습니까!

서울시 송파구 삼전동에 위치한 삼전도
청태종공덕비.

김딴지 변호사 정말 안타까운 일이네요.

이윽고 소현 세자의 눈가가 촉촉해졌다. 그러자 김딴지 변호사가 소현 세자의 곁으로 가까이 다가가 그의 어깨를 가볍게 두드려 주고 는 힘을 내라는 눈짓을 보냈다.

김딴지 변호사 힘드시겠지만 계속 답변을 부탁드리겠습니다. 증 인은 남한산성에서 나온 후 청나라의 수도였던 심양으로 끌려가 셨죠?

소현 세자 네. 아내와 동생인 봉림 대군과 함께 심양으로 끌려갔 습니다.

김딴지 변호사 심양에서의 생활은 어땠습니까?

소현 세자 난 심양에 머무는 동안 청나라를 다시 보게 되었어요. 청나라는 서양의 우수한 문물을 받아들이고 그것을 자신의 것으로 승화시켜 발전하고 있었습니다. 우리 조선인은 청나라 사람들을 오 랑캐, 야만인이라 무시했지만, 사실은 그렇지 않았어요. 청나라가 명 나라를 멸망시키고, 중원을 차지한 데에는 다 그만한 이유가 있었던 것이지요.

김딴지 변호사 좀 더 자세히 말씀해 주세요.

소현 세자 비록 인질의 신분이었지만 가끔은 그들을 따라 전투에 참여하기도 했습니다. 그런데 그 전투에서 나는 저들이 왜 강대국으 로 성장할 수 있었는지 그 이유를 알게 되었습니다.

심양 고궁. 청나라가 북경의 자금성을 황궁으로
삼기 이전까지의 청나라 황궁이다.

니루
중국 청나라 때의 군제였던 8기
편성상의 단위입니다.

김딴지 변호사　　그 이유가 무엇이었나요?

소현 세자　　청나라는 '팔기군'이라는 군사
조직을 잘 활용했습니다. 본래 황, 남, 홍, 백
4기였다가 1615년 각 기에 다른 색의 테두
리를 집어넣은 정황, 정남, 정홍, 정백 4기를
추가해서 8기로 확대되면서 팔기군이라는
명칭을 썼습니다. 3백 명을 1개 니루로 편성
하는 것을 시작으로 5개의 니루가 1개 자란
을 구성하고, 5개의 자란이 1개의 구사, 즉 1개의 기를 이
뤘습니다. 1개의 총원은 7천 5백 명이었지만 상황에 따라
변동이 있었던 것으로 알고 있습니다. 이들은 본래 사냥을
하던 유목민으로 말과 활을 잘 다루고 용맹했습니다. 게다
가 홍이포를 비롯한 무기들도 손에 넣었으니 더 이상 이들을 대적할
상대가 없었던 것이죠.

김딴지 변호사　　큰 충격을 받으셨겠습니다.

소현 세자　　네, 우리가 지금까지 큰 나라로 섬겨 왔던 명나라를 위
협하는 청나라의 기상을 보고 정말 놀랐습니다. 또한 나는 조선의
미래를 위해 저들의 문화를 받아들여야 한다고 생각했습니다. 그래
서 청나라와 친하게 지내는 것이 좋겠다고 생각했어요.

김딴지 변호사　　심양에 머무실 때 일종의 외교관 노릇을 했다고 들
었습니다. 맞습니까?

소현 세자　　네. 청나라는 조선에 무언가를 요구할 때는 나를 통했

고, 조선에서도 나를 통해서 답변을 보내는 경우가 많았습니다. 청나라는 명나라를 꺾고 중국 대륙을 차지하는 것이 목표였기 때문에 조선과 관련된 모든 일은 나를 통해 쉽고 빠르게 처리하고자 했어요. 그러니까 당시 나는 조선의 외교관이나 다름없었죠.

김딴지 변호사   중요한 역할을 하셨군요. 제가 듣기로는 청나라가 점령한 북경에서 예수회 선교사인 아담 샬을 만났다고 하던데요, 그 사람에 대해서 간단하게 소개해 주실 수 있겠습니까?

소현 세자   네. 1591년 독일의 쾰른에서 태어난 아담 샬의 원래 이름은 요한 아담 샬 폰 벨(Johann Adam Schall von Bell)로, 중국에서는 탕약망(湯若望)이라는 이름으로 불렸습니다. 1611년 예수회에 가입한 그는 1622년 선교를 목적으로 명나라에 온 것으로 알고 있습니다. 천문과 역법에 뛰어나서 명나라에 이어 청나라에서도 중용되었죠. 청나라에 볼모로 잡혀 온 나에게 지구본을 비롯한 다양한 과학 서적을 선물로 주었습니다.

김딴지 변호사   그렇군요. 그래서 현재 이승의 학자 중에서 만약 증인께서 살아 계셔서 왕위에 올랐더라면 조선의 근대화가 일본보다 더 빨랐을 것이라며 아쉬워하는 이들이 많군요.

이에 소현 세자는 쓸쓸한 표정으로 대답했다.

소현 세자   휴, 나는 조선을 떠나고 나서야 우리가 얼마나 우물 안

역법
천체의 주기적 현상을 기준으로 하여 한 해의 계절을 정하는 방법을 말합니다.

우물 안 개구리
넓은 세상의 형편을 알지 못하
는 사람을 비유적으로 이르는
말입니다.

개구리 신세였는지 절실히 느꼈습니다. 그래서 무너진 나
라를 다시 세우려면 새로운 문물을 받아들여야 한다고 생
각했었죠. 하지만 아바마마께서는 9년 만에 귀국한 나를
싸늘하게 맞으셨습니다. 왜냐하면 청 태종 홍타이지가 아
바마마께서 말을 듣지 않으면 아바마마 대신에 나를 왕위에 올린다
고 협박했기 때문입니다. 그 후 아바마마께서는 늘 내가 변했다고
화를 내셨지요. 내가 청나라 오랑캐들 사이에서 지내더니 오랑캐가
다 되었다고 말씀하시면서…… 휴.

왜 인조는 삼전도에서 무릎을 꿇었을까?

김딴지 변호사   그렇다면 증인은 왕위에 오르면 청나라에서의 경험을 살릴 계획이었나요?

소현 세자   그렇습니다. 왜 우리 조선이 전쟁에서 패배했는지 뼈저리게 느꼈으니까요.

김딴지 변호사   하지만 증인의 갑작스러운 죽음 때문에 물거품이 되었죠? 야사에는 아버지가 던진 벼루에 맞아서 죽었다는 얘기가 전해집니다만…….

김딴지 변호사의 질문에 이대로 변호사가 먼저 반응했다.

이대로 변호사   이의 있습니다. 원고 측 변호인은 지금 뜬소문만으로 피고를 모욕하고 있습니다.

판사   사실이라고 언급한 게 아니라 이런 얘기가 전해진다고 얘기했기 때문에 모욕했다고 보긴 어렵습니다. 그러므로 피고 측 변호인의 이의는 기각합니다. 증인은 계속 답변해 주시기 바랍니다.

소현 세자   아바마마와의 일로 힘들었던 것은 사실입니다. 내가 청나라의 부강함과 서양 문물의 우수함에 대해서 얘기할 때마다 얼굴빛이 흐려지셨습니다. 하지만 아바마마께서 날 죽였다고는 믿고 싶지 않습니다.

답변을 마친 소현 세자는 결국 참았던 눈물을 터뜨렸다.

학질
말라리아를 말합니다. 이 병은 말라리아 병원충을 가진 모기에게 물려서 감염되는 법정 전염병이지요.

김딴지 변호사　증인의 죽음을 언급한 실록을 살펴보면, 1645년 4월 23일 학질에 걸려서 치료를 받기 시작한 것으로 나옵니다. 증인은 계속 침을 맞고 진료를 받았지만 나흘 후인 4월 26일 창경궁 환경당에서 눈을 감으셨죠. 증인의 사망 사실을 기록한 사관은 어의가 침을 함부로 써서 돌아가셨다고 썼지만, 이 일로 처형을 받은 사람은 없었죠. 게다가 증인이 죽고 난 이후 아내인 강빈 역시 인조로부터 사약을 받고 눈을 감았습니다. 타살이라고 명백하게 얘기할 수는 없지만 의문사라고 하기에는 부족함이 없는 상황인데요, 왜 이런 일이 벌어졌다고 보십니까?

소현 세자　아바마마는 변화를 두려워하셨습니다. 그 문제에 관해서는 더 드릴 말씀이 없습니다. 휴⋯⋯.

말이 끝나자마자 소현 세자는 두 손으로 얼굴을 가린 채 흐느꼈다. 그 모습을 지켜보던 김딴지 변호사가 피고 인조에게 다가갔다.

김딴지 변호사　조선은 삼전도에서 청 태종에게 항복한 이후 많은 변화를 겪었습니다. 가장 아쉬웠던 점은 조선이 변화할 수 있었던 기회를 놓치고 말았다는 것입니다. 왕위를 지키겠다는 피고의 고집 때문에 말이죠.

이에 이대로 변호사가 자리를 박차고 일어나려고 했지만, 인조의 만류로 인해 그럴 수 없었다.

『병자록』
병자호란 때에 나만갑이 자신이 겪은 전쟁 경험과 조정에서 일어난 일들을 일기체로 기록한 책입니다.

김딴지 변호사　　피고는 삼전도에서 항복한 이후 백성과 관리들이 자신을 비웃거나 혹은 청나라가 자신을 왕위에서 끌어내릴까 봐 두려움에 떨었습니다. 그래서 아들과 며느리를 죽이고 손자들도 멀리 쫓아 보낸 것이지요. 피고는 그렇게 왕위에서 쫓겨날까 봐 두려웠나요?

　그때였다. 갑자기 증인으로 나온 소현 세자가 눈물을 글썽이며 벌떡 일어나더니 소리쳤다.

소현 세자　　그만! 제발 그만하세요. 나는 아바마마를 괴롭히려고 이 자리에 나온 게 아닙니다.

김딴지 변호사　　죄송합니다. 제가 흥분했습니다. 다시 질문을 드리겠습니다. 병자호란이 끝나고 청나라에 포로로 끌려간 백성이 많았습니까?

소현 세자　　그렇습니다. 사실 병자호란 때 청나라에 끌려간 조선인이 몇 명인지는 확실하지 않습니다. 나만갑이 쓴 『병자록(丙子綠)』에는 60만 명이라고 나와 있지만 과장된 숫자라는 의심을 받고 있죠. 하지만 최소한 수만 명에 달했을 것으로 추측됩니다.

김딴지 변호사　　문제는 조선 조정이 이 포로들을 처리하는 데 있어서 사실상 손을 놨다는 것입니다. 특히 간신히 도망쳐서 조선으로

참상
비참하고 끔찍한 상태를 말합니다.

속환
돈이나 물건 등을 지불하고 어떤 것을 도로 찾아오는 것을 말합니다.

돌아온 포로들을 직접 붙잡아서 다시 청나라에 돌려보내는 어이없는 상황까지 벌어졌죠. 피고는 포로 문제를 사실상 외면했고, 이 때문에 아무 잘못도 없는 백성만 고통을 겪었습니다. 증인은 심양에서 지내면서 참상을 직접 목격하셨죠?

소현 세자 네, 하지만 포로들의 속환 문제는 아바마마도 어찌할 수 없었던 문제였습니다.

김딴지 변호사 나라를 지키려면 어쩔 수 없다고 하셨겠죠. 하지만 졸지에 이산가족이 된 백성을 위해 아무런 대책도 세우지 않았던 점은 분명히 비판받아야 합니다. 이 문제에 대해서 조정에서 해결 방안을 내놓은 적이 있었습니까?

소현 세자 포로로 끌려간 조선인을 속환하는 일은 매일 성 밖에서 이루어졌습니다. 그런데 청나라에서 요구하는 비용이 워낙 비싸서 일반 백성들은 엄두를 낼 수 없었어요. 양반들을 속환하기 위해서는 수백 또는 수천 냥이 필요했으니까요. 그러나 돈이 없어 가족을 빼낼 수 없는 사람들은 희망을 잃고 길거리에서 울부짖었고, 나라에서 포로들을 속환해 달라며 날마다 내가 머무는 관소 밖에 찾아와 울며 호소했습니다. 참혹해서 차마 못 볼 지경이었지요. 이에 1637년 9월 16일 예조 좌랑 허박이 장문의 상소를 올려 포로들의 속환을 위한 전담 기구인 '속환도감(贖還都監)'을 설치해서 국가가 이 문제를 해결해야 한다고 주장했지만 결국 실행에 옮겨지지 못했습니다.

김딴지 변호사 정말 답답하네요.

소현 세자　네. 하지만 그 책임이 아바마마에게만 있다고는 할 수 없죠. 나 역시 저들을 구해 내지 못한 죄인이니까요. 이곳에 와서 그렇게 죽은 영혼들을 보고 많이 울었습니다.

김딴지 변호사　증인의 입장에서는 그렇게 말씀하실 수밖에 없겠지요. 하지만 여기서 더 큰 문제는 시간이 지날수록 조정에서 이 문제를 해결하기 위해 노력하지 않았다는 것입니다. 이런 지적에 대해서 어떻게 생각하십니까?

　김딴지 변호사의 질문에 소현 세자는 잠깐 피고석에 앉은 아버지를 쳐다봤다.

소현 세자　음…… 그것은 아바마마의 책임이 크다고 봅니다.

　법정 안은 폭풍 전야 같은 정적이 흘렀다.

김딴지 변호사　이유가 뭔가요?

소현 세자　한 나라의 통치자로서 아바마마께서 얼마나 힘드셨는지 이해합니다. 개인적인 욕심으로 자리에 연연하지는 않으셨을 겁니다. 하지만 그 과정에서 백성이 겪은 참담한 고통을 외면하신 것 또한 사실입니다. 병자호란을 겪고 삼전도에서 무릎을 꿇으신 이후 아바마마는 모든 것을 잃을 수 있다는 두려움 때문인지 아무것도 하지 않으셨습니다. 전쟁이 일어난 것은 아바마마 책임은 아니지만,

너무나 많은 백성이 피와 눈물을 흘렸습니다. 누군가 책임져야 할 일이었고, 그렇다면 그 책임은 당연히 아바마마의 몫이었습니다. 그리고 패배의 아픔을 겪었다면 왜 그랬는지 원인을 생각하고 다시는 그런 일이 일어나지 않도록 해야 합니다. 하지만 아바마마는 아무것도 하지 않으셨습니다.

김딴지 변호사   정말 마음속에서 우러나오는 얘기군요. 존경하는 판사님, 그리고 방청객 여러분, 통치한다는 것은 책임을 진다는 것을 의미하기도 합니다. 피고 인조는 자신의 잘못된 판단으로 전쟁이 일어났음에도 불구하고 이를 책임지기는커녕 이 전쟁으로 인해 고통을 겪은 백성의 아픔을 외면했습니다. 전쟁의 발발 원인이나 대처 과정에서의 미숙함은 백번 양보해서 피고의 책임이 아니라고 할지라도 전쟁 때문에 피해를 입은 백성을 외면한 문제는 반드시 짚고 넘어가야 할 것입니다. 원고가 소송을 제기한 이유의 핵심이 바로 여기에 있습니다. 이상입니다.

판사   수고하셨습니다. 피고 측 변호인은 반대 신문을 하시겠습니까?

이대로 변호사   반대 신문을 하지 않겠습니다.

판사   알았습니다. 증인은 퇴장하셔도 좋습니다.

자리에서 일어난 소현 세자는 아버지 인조에게 고개 숙여 인사를 하고는 법정 밖으로 나갔다. 인조는 잘 가라는 듯 살짝 고개를 끄덕거렸다.

팔기군

팔기군(八族軍)은 만주의 행정 제도에서 비롯된 청나라의 군사 제도입니다.
청나라의 시조인 누르하치가 17세기 초에 만들었다고 전하는데요, 청나라가
중원을 통일한 후 청나라 제도의 중심으로 발전했습니다.

초기의 팔기 제도는 만주족의 전통적인 군역 및 봉급 지급의 단위, 장비의
관할권, 봉토의 관할권을 나누는 등 주로 행정적 편의에 의해 나눈 것입니다.
누르하치는 1620년대 몽골의 여러 군대를 흡수 통합하면서 그들을 팔기군에
포함시켰으며, 나중에 중국 한족(漢族)의 군대 역시 팔기군에 포함시켰습니다.

최종적으로 8개 깃발군이 확립된 것은 1642년입니다. 팔기군 중 상위 3개
깃발군(정황기, 양황기, 정백기)은 황제의 직속 부대이고, 나머지 5개의 깃발군
은 여러 제후들의 관할입니다.

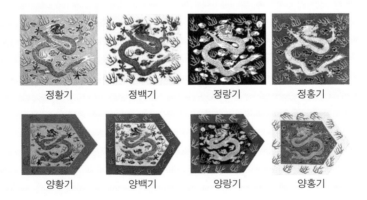

| 정황기 | 정백기 | 정랑기 | 정홍기 |

| 양황기 | 양백기 | 양랑기 | 양홍기 |

2

어쩔 수 없이 따랐지만
나름 주체성을 지켰다

이대로 변호사　　판사님, 증인을 요청합니다.

판사　　이제 마지막 증인이 되겠군요. 피고 측 증인은 나와 주시기
바랍니다.

　　소현 세자가 나갔던 그 문으로 새로운 증인이 모습을 드러내자 방
청석이 술렁거렸다. 증인 선서를 마친 증인이 자기소개를 했다.

효종　　나는 인조의 둘째 아들이자 소현 세자 형님의 동생인 효종
(봉림 대군)입니다. 왕위에 있던 10년 동안 치욕을 갚기 위해 북벌을
도모했다가 뜻을 이루지 못하고 1659년 세상을 떠났습니다.

이대로 변호사　　네. 이렇게 자리해 주셔서 감사합니다. 증인은 제

의뢰인이 1649년 5월 8일 창덕궁 대조전에서 사망한 다음 왕위에 오르셨죠?

효종　네, 그렇습니다.

이대로 변호사　증인의 이름을 들으면 대부분 바로 '북벌론'을 떠올립니다.

효종　쑥스럽습니다. 오랑캐에게 겪은 치욕을 씻는 것이 내가 할 일이라고 생각했을 뿐입니다.

이대로 변호사　앞서 나온 소현 세자와 같이 인질 생활을 겪으셨는데 형님과는 다른 생각을 하셨군요?

효종　형님께서는 청나라의 국방력과 각종 서양 문물에 감탄하셨습니다. 그런 것들을 가져오면 조선이 한층 발전할 것이라고 믿으셨죠. 하지만 전 삼전도에서 아바마마가 무릎을 꿇은 치욕을 잊지 않고 있었습니다.

이대로 변호사　▶증인은 북벌을 추진하기 위해 군대를 정비하고 성을 수리하는 조처를 취했습니다. 실제적인 효과는 둘째 치고 두 차례의 전쟁으로 상처를 입은 조선인의 자존심을 어느 정도 치료해 줬다고 평가받고 있더군요. 증인이 생각하기에 인조가 삼전도에서 무릎을 꿇어야만 했던 이유가 뭘까요?

효종　음, 넓게 보자면 정묘호란과 병자호란은 중원의 주인이 명나라에서 청나라로 교체되는 과정에서 벌어진 전쟁입니다. 청나라로서는 명나라를 완전히 정복하려면

교과서에는

▶그동안 오랑캐로 여겨 왔던 여진족이 세운 나라와 군신 관계를 맺게 되고, 임금이 삼전도에서 굴욕적인 항복을 했다는 사실은 조선인에게 커다란 충격을 안겨 주었습니다. 이에 따라 청나라에 대한 적개심과 문화적인 우월감으로 인하여 북벌론이 제기되었습니다.

조선을 어떻게든 굴복시켜야만 했기 때문에 우리를 집요하게 괴롭혔고, 공격을 했던 겁니다. 당시 청나라는 명나라도 어쩌지 못할 정도로 강력한 세력을 자랑했습니다. 치욕적인 패배를 당하고 아바마마께서 삼전도에서 무릎을 꿇은 것은 안타까운 일이지만 어쩔 수 없는 역사의 한 과정으로 봐주시면 좋겠습니다.

이대로 변호사   그러니까 커다란 역사의 흐름 속에서 벌어진 일이기 때문에 조선의 대처 여부와 상관없이 예견된 결과였다는 말씀이시군요?

환향녀
병자호란 이후 절개를 잃고 고
향으로 돌아온 여성입니다.

효종　네. 저들은 우리를 완전히 굴복시켰다는 것을 대외적으로 보여 주기 위해 아바마마께 청 태종 앞에서 무릎을 꿇으라고 했던 것입니다. 우리가 대처를 잘했더라도 결과가 달라졌으리라고 믿기는 어렵습니다.

이대로 변호사　일부에서는 시대의 흐름을 따라가지 못해서 화를 자초했다고 비난하고 있습니다만…….

효종　그건 과학이 발달한 지금도 마찬가지 아닐까요? 2001년에 미국에서 벌어진 9·11이나 2011년 3월 일본에서 일어난 지진을 예측한 사람이 누가 있습니까? 튀니지에서 시작된 시위가 이집트와 리비아로 번질 것이라고 예상한 사람도 아무도 없었을 겁니다. 나를 비롯한 조선 사람들에게 후금이나 청은 압록강 너머에 사는 야만인들이라는 관념이 강했습니다. 그리고 2백 년이 넘은 명나라가 하루아침에 무너질 것이라고 예측한 사람도 없었고 말이죠. 마음으로 받아들이는 것과 머리로 생각하는 것은 분명히 차이가 있을 수밖에 없습니다. 지금 보면 명나라가 1644년에 망한 것은 당연한 일이지만 당시에는 상상할 수도 없었던 일이었습니다.

이대로 변호사　두 전쟁은 조선에 어떤 영향을 끼쳤을까요?

효종　많죠. 전쟁의 여파로 국토가 황폐해지고 수십만 명이 죽거나 포로로 잡혀갔습니다. 청나라에 포로로 잡혀간 백성의 송환 문제와 돌아온 여인들, 즉 환향녀 문제까지 한두 가지가 아니었죠. 한편으로 청나라에 복수하고 치욕을 씻겠다는 목표가 생겼죠. 내가 구상하던 군사적인 보복이거나 박지원 같은 실학자가 중심이 된 개혁을

통한 부국강병의 길이든 어떤 방식으로든 말이죠. 그리고 소중화(小中華) 의식이 강해지면서 민족이라는 의식이 더 단단해지는 계기가 되었죠.

이대로 변호사　소중화라면 작은 중화를 자처한다는 뜻이 아닙니까?

효종　맞습니다. 조선이 소중화를 자처했던 것은 명나라가 망했으니 이제 우리 조선이 천하의 문명국이라는 의식 때문이었습니다. 즉 여진족이 세운 청나라가 중원을 차지했다는 것을 인정하지 않는 것을 의미입니다.

이대로 변호사　아, 그렇군요.

효종　비록 힘에는 굴복했지만 마음만은 굽히지 않겠다는 뜻이죠. 중국의 것이라면 무조건 따르고 숭배하는 것에서 벗어나 우리의 문화와 자존심을 찾은 것입니다. 실제로 조선 후기의 많은 변화들, 이를테면 한글로 소설이 쓰여지고, 우리의 산천을 화폭에 담는 것 말입니다. 이는 조선이 자신을 찾아가는 것으로 예전 같으면 상상도 할 수 없는 일이었죠.

이대로 변호사　그렇군요. 사실 결과를 아는 후대 사람들이 아무것도 예측하지 못했던 당대 사람들을 비난하는 것은 억지 주장입니다. 물론 잘못된 일은 비판받아야 마땅하지만 비판과 비난은 엄밀히 구분해야만 한다는 게 제 생각입니다. 이상입니다.

판사　수고하셨습니다. 원고 측 변호인은 반대 신문하세요.

김딴지 변호사　물론입니다. 증인은 정말로 북벌을 실행하실 생각이셨습니까?

효종　　물론이죠. 내가 갑자기 죽지만 않았더라면 반드시 이루었을 겁니다.

김딴지 변호사　　제가 이 질문을 드린 이유는 증인이 추진했다는 그 북벌 정책의 목표가 모호했기 때문입니다. 그럼 기록들을 살펴볼까요? 1651년 1월 측근인 이완을 어영대장에 임명하면서 본격적인 북벌 준비에 박차를 가하는군요. 다음 해 6월에는 어영청군의 숫자를

7천 명에서 2만 1천 명까지 늘렸고, 금군을 기병대로 전환했네요.

금군
궁중을 지키고 임금을 호위·경비하던 친위병을 말합니다.

효종 맞습니다.

김딴지 변호사 다음 해인 1653년에는 제주도에 표류한 네덜란드인 하멜을 훈련도감에 배속시켜 무기를 만들게 했고, 다음 해에는 훈련도감의 병력을 증강했습니다.

효종 그렇습니다. 하멜이 온 해에 청나라의 요청을 받아들여 조총병을 파견했던 적이 있습니다.

김딴지 변호사 그것이 제1차 '나선 정벌(羅禪征伐)'이었죠?

효종 ▶그렇습니다. 나선 정벌은 청나라의 요청으로 흑룡강 성으로 진출하려는 러시아군에 맞서 싸울 조총병을 파견한 일을 말합니다. '나선'이란 러시아를 뜻하는 말로 효종 5년인 1654년 2월 2일 청나라 사신 한거원이 처음 언급했죠. 나선이 누구냐는 내 반문에 한거원은 "영고탑이라는 곳 근처에 사는 별종입니다."라고 답했습니다. 청나라의 요청을 받아들인 나는 함경도 병마우후 변급(邊岌)을 파견했습니다. 이것이 제1차 나선 정벌이었습니다. 1658년 3월에도 청나라는 조선에 조총병 파견을 요청해서 혜산첨사 신유(申瀏)에게 조총병을 이끌고 청군과 합류하라고 명령했습니다. 이때를 제2차 나선 정벌이라고 부릅니다.

김딴지 변호사 1655년에는 '추쇄도감(推刷都監)'을 설치해서 도망친 노비들을 잡아들이셨군요.

교과서에는

▶ 만주 북부의 헤이룽 강(黑龍江) 부근에 러시아가 침입해 오자, 청나라는 이를 물리치기 위해 조선에 군사를 보내 줄 것을 요청했습니다. 이에 조선은 두 차례에 걸쳐 조총 부대를 출병시켜 큰 전과를 올렸습니다. 이를 나선 정벌이라 합니다.

효종　　내가 추쇄도감을 설치하고 노비를 잡아들인 건 원주인에게 돌려주거나 처벌을 위해서가 아니라 강화도의 수비를 강화시키기 위한 것이었죠.

김딴지 변호사　　그런가요? 증인이 실현한 북벌 정책의 핵심인 군사력 증강은 대부분 국왕의 권력과 관계가 있는 중앙군의 강화에만 그친 실정이었습니다. 거기다 전쟁의 충격이 가시지 않은 상태에서 백성에게 적지 않은 부담을 줬다는 비판도 있습니다.

효종　　백성이 고생한 것은 인정합니다만, 반드시 해야 할 일이었습니다.

김딴지 변호사　　일부 학자 중에는 북벌 정책의 본질에 대해서 의문을 가지는 경우도 있습니다. 실제 조선이 단독으로 청나라를 공격할 수 없음에도 북벌 정책의 실현을 이유로 전쟁에서 패배했다는 비판을 피했다는 것이죠. 거기다 청나라를 내내 적대시함으로써 선진 문물을 받아들이지 못해서 뒤처졌다는 평가도 함께 받고 있습니다. 실제로 앞서 나온 소현 세자처럼 청나라에 호의적이거나 타협적인 시선을 보내면 밀려나는 일도 있었죠. 거기다 실학을 언급하셨습니다만, 실학자들이 청나라의 정책을 받아들이자는 주장 역시 대부분 묵살당한 실정이었습니다.

효종　　어느 정도 인정합니다. 하지만 청나라 문물을 받아들이는 것은 생각처럼 쉬운 일이 아닙니다.

김딴지 변호사　　증인은 목표가 생겼다고 얘기했습니다만, 병자호란의 패배 이후 조선의 지도층은 근본적인 개혁

교과서에는

▶ 만주 북부의 헤이룽 강(黑龍江) 부근에 러시아가 침입해 오자, 청나라는 이를 물리치기 위해 조선에 군사를 보내 줄 것을 요청했습니다. 이에 조선은 두 차례에 걸쳐 조총 부대를 출병시켜 큰 전과를 올렸습니다. 이를 나선 정벌이라 합니다.

을 통해서 국력을 회복하는 대신 북벌 정책 같은 임시방편으로 일관하면서 책임을 회피했다고 보여집니다.

효종 김 변호사도 송시열과 같은 말을 하시는군요. 물론 그런 비판은 내가 살아 있을 때에도 종종 들었던 얘기입니다. 하지만 군대를 증강하고 방어 체제를 굳건히 하는 일은 국력의 상승과도 연관이 있습니다. 어느 길이 맞는지는 사람마다 얘기가 다 다릅니다. 하지만 내가 추진한 방안 역시 그중 한 가지라고 이해해 주셨으면 합니다.

김딴지 변호사 좋습니다. 이것으로 반대 신문을 마치도록 하겠습니다.

판사 모두 수고하셨습니다. 이것으로 이번 재판을 마치도록 하겠습니다. 잠시 휴식을 하고 양측의 최후 진술을 듣는 시간을 갖도록 하겠습니다. 모두 수고하셨습니다.

임시방편
갑자기 터진 일을 일단은 간단하게 둘러맞추어 처리함을 의미합니다.

송시열
조선 숙종 때의 문신입니다. 효종의 장례때 대왕대비의 복상(腹喪) 문제로 남인과 대립했으며, 후에는 노론의 영수로서 1689년에 왕세자의 책봉에 반대하다가 사사되었습니다.

여진족의 기원

만주 일대에 살던 부족은 시대에 따라 숙신, 읍루, 물길, 말갈족으로 불렸습니다. 한때 고구려의 세력권에 들어가 있던 이들은 송나라 시절부터 여진족으로 불렸습니다. 금나라를 건국한 여진족은 한때 북중국을 차지하는 등 세력을 떨쳤지만 몽고의 공격을 받고 멸망하고 말았습니다.

금나라의 멸망 이후 부족단위로 흩어져 살던 여진족은 조선을 부모의 나라로 섬기며 생필품들을 공급받았습니다. 하지만 명나라가 여진족에 대한 통제가 강화되면서 조선은 생필품의 공급을 중단했습니다. 이에 반발한 여진족들은 국경을 넘어서 약탈을 감행했습니다. 조선의 세종은 파저강의 여진족들을 두 차례 토벌했습니다.

명나라와 조선의 억압 속에서 부족 단위로 흩어져 지내던 여진족을 통일시킨 것은 누루하치였습니다. 1559년 태어난 누루하치는 1583년 할아버지와 아버지가 명군의 손에 죽자 복수를 꿈꾸며 다른 여진족들을 굴복시키며 세력을 규합했습니다. 다른 한편으로는 명나라에 철저하게 고개를 숙여서 의심을 피했습니다. 임진왜란이 벌어지고 조선과 명나라가 여진족에 대한 관심이 멀어지자 본격적으로 세력 확장에 나선 누루하치는 1616년 마침내 후금을 세우고 칸의 자리에 오릅니다. 명나라가 여진족에게 저지른 일곱 가지 잘못인 7대한을 발표하고 공세에 나섰습니다. 1618년 무순성 함락을 시작으로 후금군의 공세가 본격화되자 명나라는 반격에 나서는 한편 조선에 원군을 요청합니다.

다알지 기자

　　　　방금 효종의 증언을 마지막으로 모든
　　　　재판 절차가 완료되었다는 소식이 전해졌
　　　　습니다. 오늘 재판에서는 병자호란 이후 조선
의 변화와 대응에 대한 얘기들이 주로 오갔다고 하는데요. 원고 측 증
인으로 나온 소현 세자는 조선이 변화를 받아들이지 못하고 조건 없는
증오심 때문에 변화의 기회를 놓쳤다고 증언했습니다. 반면 피고 측
증인으로 나온 효종은 북벌론을 제기하고 실천에 옮기는 과정에서 나
름대로 대응했다고 주장했습니다. 오늘 재판 역시 병자호란을 비롯한
청나라와의 전쟁에 대한 책임 문제에 대해 팽팽한 논쟁이 펼쳐졌다고
합니다. 원고 측은 지속적으로 피고인 인조에게 모든 책임이 있다고
주장했지만, 피고 측 변호인과 증인은 전쟁은 역사적인 흐름 속에서
벌어진 일이며 한 개인이 어떻게 할 수 없었다는 주장을 되풀이했습니
다. 오늘 휴정 인터뷰는 재판 과정을 지켜본 방청객 중에 병자호란 때
포로로 잡혔다고 주장하는 두 분을 모셨습니다.

안추원

오래전 일이라 다 잊은 줄 알았는데 법정에서 애기를 들으니까 그때 기억이 되살아나는군요. 내 이름은 안추원이라고 하고 경기도 풍덕에 살았습니다. 병자호란 때 청군을 피해 강화도로 들어갔다가 포로로 잡혀서 심양으로 끌려갔습니다. 그때 내 나이 열세 살이었습니다. 심양에서 북경으로 가서 대장장이 집에서 노예 노릇을 하다가 1662년에 도망쳤다가 산해관에서 잡혔죠. 북경으로 끌려가서 얼굴에 문신이 새겨지는 형벌을 받았지만 1664년 다시 탈출해서 28년 만에 조선으로 돌아왔습니다. 꿈에 그리던 고향으로 돌아와서 처음에는 행복했었지요. 그런데 가족들은 모두 죽고 생계가 막막해서 할 수 없이 북경으로 돌아가다가 붙잡혔죠. 아, 그때만 생각하면 지금도 눈물이 앞을 가립니다.

안단

　나는 강화 천총 안몽열의 아들 안단이라고
합니다. 나도 병자호란 때 포로로 끌려가서 어느
군인의 종이 되었습니다. 1674년에 남쪽으로 싸우
러 간 주인이 1년이 넘도록 돌아오지 않아서 틈을 봐서 도망을 쳤습니
다. 산해관을 거쳐서 봉황성을 지나 겨우 압록강까지 도착했지만 의주
부윤 조성보에게 잡혀서 봉황성으로 도로 끌려가고 말았죠. 그때 너무
억울하고 원통해서 고국 땅을 그리워하는 정이 늙을수록 더욱 간절한
데도 죽을 곳으로 다시 보낸다고 눈물로 하소연했던 게 기억나는군요.
무려 37년 만에 꿈에 그리던 고향 땅을 눈앞에 두고 끌려가던 때를 생
각하면 지금도 가슴이 찢어질 것 같습니다.

관습에 얽매여 나라를
파멸로 이끌고 말았다
VS
역사의 전환점에서
벌어진 진통이었다

판사　다들 모이셨습니까? 지금부터 원고와 피고의 최후 진술이 있겠습니다. 원고, 피고는 이번 기회가 재판정에서 발언할 수 있는 마지막 기회라는 점을 명심하시고 신중한 발언을 해 주시길 바랍니다. 그럼 원고부터 시작해 주십시오.

강홍립　오늘의 역사는 나를 전쟁에서 패배한 무능력한 장수로 기억합니다. 하지만 조선이 겪어야 했던 두 차례의 전쟁인 정묘호란과 병자호란 때 큰 고통을 받았던 백성을 위해서 비난을 무릅쓰고 재판에 나섰습니다. 전쟁을 결정하고 실행에 옮겼던 것은 피고 인조를 비롯한 조정 대신들입니다. 그러나 그들이 결정한 전쟁터에서 죽거나 다친 사람들은 대부분 힘없는 백성이었습니다.

　그리고 전쟁이 끝난 다음 그들 중에서도 잘못을 뉘우치거나 책임

을 지겠다고 나서는 사람들은 아무도 없었습니다. 비록 변화를 두려

위하는 것은 사람의 본성이지만, 인조를 비롯한 대신들은 관습에 얽

매여 현명한 결정을 내리지 못했던 것은 용서할 수 없습니다. 왜냐

하면 결과적으로 백성에게 큰 피해만 안겨 줬기 때문입니다. 내가

원하는 것은 삼전도에서 인조가 무릎을 꿇어야만 했던 이유와 책임

이 누구에게 있는지 명백하게 가리기 위해서입니다.

판사   수고했습니다. 다음으로 피고 인조는 최후 진술을 하기 바

랍니다.

인조   나는 오랫동안 무능한 군주이자 아들과 며느리를 죽인 패륜아라는 손가락질을 받았습니다. 물론 내가 임금이었던 시절에 전쟁이 벌어진 것도 사실이고, 오랑캐라고 멸시하던 청 태종 홍타이지 앞에 무릎을 꿇었던 것도 내 불찰이라는 점은 인정합니다. 하지만 당시는 대륙의 패권이 명나라에서 청나라로 넘어가는 전환기였고, 그 누구도 다음 일을 예측할 수 없었던 혼란기였습니다. 또한 나는 청나라와 척화파 대신들 사이에서 올바른 결정을 내리지 못했습니다. 어떤 결정을 내리든지 간에 반드시 한쪽의 강한 반발이 예상됐기 때문이죠. 반드시 헤아려 주기 바랍니다. 나는 이승에서의 나의 처신이 지혜롭지 못했다는 것을 겸허하게 받아들이고 반성하고 있습니다. 이 점을 인정해 주시고 너그러운 판결을 당부하는 바입니다. 이상입니다.

판사   양측의 이야기를 모두 들어 보았습니다. 두 분 모두 마음속에서 우러나오는 진술을 해 주셨으리라 믿겠습니다. 그동안 모두 재판에 참여하느라 고생이 많으셨습니다. 지금까지의 재판 내용과 배심원의 의견을 종합해서 판결을 내리도록 하겠습니다. 이상으로 모든 재판을 마칩니다.

역사공화국 한국사법정 재판 번호 35 강홍립 vs 인조

주문

1627년과 1636년 벌어진 정묘호란과 병자호란의 발발 원인에 대해서 한국사법정은 다음과 같이 판결한다. 우선 가장 큰 책임은 자국의 이익을 위해 타국을 침략한 후금과 이를 계승한 청나라에 있다고 판단한다. 또한 조선의 조정 역시 이 상황에서 제대로 대응하지 못한 부정적인 측면이 일부 있으며, 이에 대한 책임은 당시 통치권자인 인조에게 일부 있다고 인정한다.

판결 이유

피고 인조는 조선의 제16대 임금으로 있으면서 후금과 이를 계승한 청나라에 두 차례의 침략을 받았고 그 결과 삼전도에서 무릎을 꿇고 항복했다. 피고 측은 청나라가 애초에 침략할 의도가 있었기 때문에 조선의 대응 여부와 상관없이 공격했을 것이라고 주장했다. 이는 병자호란이 발발하기 전인 1636년 4월 11일 청 태종 홍타이지의 즉위식에서 읽은 제문에서 조선을 정복했다는 표현이 나왔기 때문에 타당한 주장으로 인정한다.

하지만 일국의 통치권자는 국민을 보호할 무한 책임이 있으며, 피고인 인조가 이런 측면에서 최선을 다했느냐에 대해서는 여전히 의문이 따른다. 또한 병자호란이 끝나고 성의 있게 책임을 지려는 자세를 보이지 않았고, 오히려 전쟁의 패배에 일조한 측근들을 중용해서 많은 이들을 실망시켰다. 물론 정묘호란과 병자호란 같은 일방적인 침략 전쟁에서 피해자에게 전적으로 책임이 있다고 보기 어려우며, 당시의 여론도 청나라와의 화친을 반대한 상태였으니 피고가 이런 반대를 무릅쓰기 어려웠다는 점 또한 사실이다.

따라서 본 한국사법정은 인조의 책임이 일정 부분 있다고 판단한다. 정묘호란과 병자호란은 조선에 큰 시련을 안겨 준 전쟁이며 이에 대한 책임은 피고 인조와 일부 측근들에게 있다는 것이 오늘의 역사 평가이다. 또한 앞으로도 역사적 사료의 발굴과 통찰력 깊은 분석을 통해 더 많은 토론을 해야 한다는 점을 우리 모두가 명심해야 할 것이다.

역사공화국 한국사법정 담당 판사 공정한

"지나간 아픔은 잊고
이제 그만 화해합시다!"

"이것 참 미안하게 됐네."

김딴지 변호사는 현수막과 서명 용지로 어지러운 바닥을 내려다보면서 이대로 변호사에게 말했다.

"정식 재판을 통해서 승부를 가렸는데 뭐가 미안한가? 그리고 서명 운동을 그만두라고 한 건 저분이었네."

이대로 변호사가 안단과 안추원의 손을 붙잡고 위로하는 인조를 가리키면서 말했다.

"자네들 볼 면목이 없네. 그때 신경 쓰고 살펴봤어야 했는데, 다 내 잘못이야."

인조가 진심으로 사과하자 갑자기 안단이 울음을 터뜨렸다.

"그때 생각만 하면 지금도 가슴이 찢어질 것 같습니다. 흑흑."

"왜 아니겠는가? 나도 자식들을 심양으로 보내야 했다네. 물론 자네들이 겪은 일에 비하면 아무것도 아니겠지만…… 부디 너그럽게 용서해 주게."

"이미 다 지난 일이고 인조께서 진심으로 사과를 하셨으니 잊어야지 어찌하겠습니까?"

안추원이 한숨을 내뱉으며 대답했다.

멀리서 그 모습을 지켜보던 이대로 변호사는 김딴지 변호사에게 말했다.

"늘 미안해 하시긴 했지만 이번에 정식으로 사과하는 걸세."

김딴지 변호사는 뜻밖이라는 표정으로 대답했다.

"아들과 며느리를 죽인 냉혹한 사람인 줄 알았더니 아닌 모양이군."

"사람도 그렇고, 역사도 그렇고 복잡한 측면이 있어. 어느 한쪽만 보고 판단을 내릴 수 없는 일이잖아. 인조께서 차라리 이렇게 재판을 통해서 명확한 결론이 나니까 홀가분하다고 하시더군. 잘 알겠지만 인조가 임금으로 있던 시대는 생각과 사상을 바꿔야만 하는 시대였다네. 변하지 못했다고 비난하지만 과연 지금 시대에도 그 정도의 변화를 받아들일 수 있을지는 아무도 모르지 않은가?"

김딴지 변호사는 수긍한다는 듯 고개를 끄덕거렸다.

"하긴, 사람은 늘 똑같으니까. 그래서 역사를 보고 배워야 하는지도 모르지."

"맞아. 이럴 줄 알았으면 이승에서 역사 공부를 더 열심히 하는 건데 말이야. 참! 인조께서는 조만간 소현 세자와 강빈도 만날 예정인

것 같아."

"음, 과연 그 두 사람이 인조를 용서할까?"

"아물지 않는 상처는 없는 법일세. 지난 일이니 사과를 받아들이겠지."

"저승에서나마 화해하는 모습을 보니 좋군."

"그러게 말일세. 저기 누가 자네를 기다리는 모양이군. 어서 가보게."

이대로 변호사가 가리킨 곳에는 강홍립이 서 있었다. 김딴지 변호사가 다가가자 강홍립이 고개를 숙여 인사했다.

"큰 도움을 받았습니다. 뭐라 감사의 인사를 드려야 할지 모르겠군요."

"아닙니다. 이번 재판을 통해서 저 역시 역사에 대해서 많이 배웠습니다. 그전에는 오로지 당파 싸움만 하다가 허무하게 진 줄로만 알았더니 나름대로 복잡한 사정이 있었더군요."

"그때도 사람이 살고 있었고, 나라의 흥망이 교차되었는데 어찌 평온하기만 했겠습니까? 살아 있을 때에는 눈앞에 닥치는 일에만 열중하다 보니 주변을 돌아볼 틈이 없었습니다. 여기에 오고 나서 전쟁으로 고통을 겪었던 사람들을 보니 가슴이 아팠습니다."

"저승에서나마 깨달으셨다니 다행입니다."

"그때 변호사님과 헤어지고 돌아가는 길에 임금님을 만났습니다. 그분께서 저에게 소송을 제기해 달라고 부탁을 하셨습니다."

"임금님이면 광해군 말씀이신가요?"

김딴지 변호사의 물음에 강홍립은 고개를 저었다.

"아닙니다. 바로 저분입니다."

강홍립이 가리킨 사람은 안추원과 안단의 손을 잡고 연신 사과를 하고 있던 인조였다. 놀란 김딴지 변호사가 되물었다.

"저분이 소송을 제기해 달라고 했단 말씀이십니까?"

"네, 아무한테도 얘기하지 말라고 신신당부를 하셨습니다만, 변호사님께는 꼭 알려드리고 싶었습니다."

"음, 본인한테 불리한 재판을 왜 벌인 걸까요?"

"저도 그게 궁금해서 여쭤 봤는데 잘못된 것을 명백하게 밝혀서 후손들에게 교훈을 주기 위해서라고 하셨습니다."

말을 마친 강홍립은 인조를 쳐다봤다. 여전히 안추원과 안단의 손을 잡고 있던 인조의 눈가에 눈물이 고인 것이 보였다.

병자호란의 격전지,
남한산성

남한산성 고지도

청나라가 압록강을 건너 조선을 침입하고, 강화도로 피하려다 길이 끊겨 인조는 남한산성으로 들어갑니다. 남한산성은 사시사철 물이 마르지 않아 성안에 갇혀도 오래 버틸 수 있고, 안은 완만해도 바깥쪽은 급경사라 적들이 공격하기 쉽지 않은 천혜의 요새였지요. 하지만 미처 준비를 못한 채 남한산성에 피신한 터라 식량도 부족하고, 군사의 수도 청나라 군대의 10분의 1 수준에 불과했습니다. 그래서 결국 병자호란은 인조의 쓸쓸한 항복으로 끝을 맺게 되지요.

경기도 광주시 남한산에 있는 남한산성은 삼국시대 이래로 중요한 요충지였던 곳입니다. 그래서 남한산성 안에는 백제의 시조인 온조를 모신 사당도 있지요.

수어장대

경기도유형문화재 제1호로 지정되어 있는 건축물로 인조가 남한산성을 축조할 때 지은 4개의 수어장대 가운데 유일하게 남아있는 건물

입니다. 수어장대란 원래 '지킬 수, 막을 어, 장수 장, 대 대'라는 한자로
이루어진 것처럼, 이곳은 장수들이 군사를 지휘하는 곳이었지요.

성곽

남한산성의 성곽은 기본적으로
원성과 외성으로 구분됩니다. 원성
은 인조 2년에 만든 것으로 본성을
의미하지요. 그리고 외성은 숙종
때 쌓은 봉암성과 한봉성, 영조 때
쌓은 신남성이 있습니다. 높은 성
벽이 무너지지 않도록 큰 돌을 아래에 쌓고 작은 돌을 위로 쌓았으며,
성벽은 위로 갈수록 안쪽으로 기울어져 있는 것이 특징입니다.

행궁

임금이 거동할 때 머무는 별궁 또는 이궁
을 행궁이라 하는데, 남한산성에도 행궁이 있
습니다. 지금은 국가사적 480호로 지정되어
보호되고 있지요. 많이 훼손된 남한산성의 행
궁은 복원되어 2012년에 공개되었습니다.

찾아가기 주소 경기도 광주시 남한산성면 남한산성로 731
　　　　참고 www.namhansansung.or.kr
　　　　　　 www.gg.go.kr/namhansansung-2

『역사공화국 한국사법정 35 왜 인조는 삼전도에서 무릎을 꿇었을까?』와 관련한 논술 문제를 풀어 봅시다.

※ 다음 제시문을 읽고 물음에 답하시오.

1. 청나라에게 신하의 예를 지킬 것.

2. 명나라와 관계를 끊을 것.

3. 소현 세자와 봉림 대군, 여러 대신의 자식을 청나라에 인질로 보낼 것.

4. 청나라가 명나라를 칠 때 군사를 요구하면 어기지 말 것.

5. 성을 신축하거나 성벽을 수축하지 말 것.

6. 해마다 청나라가 요구하는 물품을 바칠 것.

삼전도의 굴욕

1. 윗글을 병자호란을 일으킨 청나라가 조선의 항복과 함께 요구한 조건들입니다. 이 중에서 가장 치욕스럽다고 생각되는 것은 무엇인지 그 이유와 함께 쓰시오.

- -

- -

- -

- -

- -

- -

- -

- -

- -

- -

- -

※ 다음 제시문을 읽고 물음에 답하시오.

　　1627년의 정묘화약 이후 ㉠우리가 화친을 먼저 깼음에 대방 (청나라)이 노하여 군사를 이끌고 동녘에 들어오셨다.

　　㉡우리 임금이 위태로움에 처해 남한산성에 거하신지가 50여 일이 되었다.

　　관온인성황제(청태종)가 위엄과 법을 베푸는 도다.

　　㉢황제의 공덕이 조화와 함께 흐름을 밝히니 우리 소방(조선) 이 대대로 길이 힘입을 뿐이로다.

처음엔 미혹하여 이를 알지 못하다가 황제의 명(命)이 있으니 잠을 깨었도다.

이에 오직 황제의 덕에 의지하도다.

황제가 군사를 돌이켜 다시금 우리에게 농사를 권하니 삼한(三韓) 말년에 황제의 아름다움이로다.

2. 이 글은 병자호란의 굴욕을 담고 있는 삼전도비에 나와 있는 내용을 요약한 것입니다. (ㄱ)~(ㄷ)이 가리키는 것이 각각 무엇인지 쓰시오

왜 인조는 삼전도에서 무릎을 꿇었을까?

해답 1 1637년 1월 30일 인조가 청나라에 항복을 할 때 청나라에서 요구한 조건들은 모두 치욕적인 것입니다. 그 중에서도 가장 치욕스러운 것은 3번 항목인 '소현 세자와 봉림 대군, 여러 대신의 자식을 청나라에 인질로 보낼 것'이라고 생각합니다. 조선을 자신의 뜻대로, 조선의 왕을 자신의 뜻대로 움직이기 위해서 세자를 비롯한 조선의 젊은이를 인질로 잡아간 것입니다.

해답 2 삼전도비는 병자호란 때 승리한 청나라 태종 즉 홍타이지가 자신의 공덕을 알리기 위하여 조선에 요구하여 세운 비석입니다. 인조는 홍타이지 앞에 무릎을 꿇고 머리를 땅바닥에 9번 찧는 굴욕적인 항복을 해야 했지요. 그리고 원하지 않는 삼전도비를 세워 볼 때마다 굴욕을 되새겨야 했답니다. 삼전도비를 만들 당시 이름은 '대청황제공덕비'로 (ㄱ)은 우리나라, 즉 '조선'을 가리키고, (ㄴ)은 우리 임금, 즉 '인조'를 가리킵니다. (ㄷ)의 황제는 '청나라 태종', 즉 홍타이지를 가리키지요.

* 해답은 예시로 제시된 내용입니다.

찾아보기

역사공화국 한국사법정 35

왜 인조는 삼전도에서 무릎을 꿇었을까?

© 정명섭·박지선, 2011

초   판 1쇄 발행일 2011년 6월 25일
개정판 1쇄 발행일 2015년 5월 11일
        5쇄 발행일 2024년 10월 1일

지은이   정명섭 박지선
그린이   배연오
펴낸이   정은영

펴낸곳   (주)자음과모음
출판등록   2001년 11월 28일 제2001-000259호
주소   10881 경기도 파주시 회동길 325-20
전화   편집부 (02) 324-2347 경영지원부 (02) 325-6047
팩스   편집부 (02) 324-2348 경영지원부 (02) 2648-1311
이메일   jamoteen@jamobook.com

ISBN 978-89-544-2335-9 (44910)

• 이 책은 저작권법에 따라 보호받는 저작물이므로 무단 전재와 무단 복제를 금하며,
  이 책 내용의 전부 또는 일부를 이용하려면 반드시 저작권자와 (주)자음과모음의 서면 동의를 받아야 합니다.
  허가를 받지 못한 일부 사진에 대해서는 저작권자가 확인되는 대로 게재 허락을 받고 사용료를 지불하겠습니다.
• 책값은 뒤표지에 있습니다.
• 잘못된 책은 교환해 드립니다.